참으로 멋진 책이다! 레녹스 교수는 확실히 자신이 무엇을 주장하는지 알고 있으며, 어려운 문제를 간결하고 명확하게 설명하는 능력을 가지고 있다. 이 책은 종교와 과학 분야 모두에 유익한 책이다.

**앨빈 플란팅가** Alvin Plantinga
노트르담 대학교 John A. O'Brien 명예 철학 교수

즐겁게 읽을 수 있는 책이다. 사려 깊고 지각 있고 우호적이며 필요할 때는 대담하다. 저자는 창세기와 지구 연대 문제를 다루면서 그것이 목적 없는 진화와 얼마나 다른가에 대해 자신의 생각을 거침없이 밝힌다. 배울 점이 많은 이 책은 우리가 이 문제들에 관해 명확하게 생각하도록 도와준다.

**C. 존 콜린스** C. John Collins
카버넌트 신학교 구약학 교수

이 놀라운 책은 내가 추천하기 위해 찾아 헤맸던 바로 그런 종류의 책이다! 창세기 1, 2장을 현대 과학과 고대 근동 문화의 맥락에서 다루는 본서는 접근하기 쉽고, 포괄적이고, 균형 잡혀 있으며, 평화적이다. 가능한 한 많은 사람이 이 책을 읽어볼 필요가 있다.

**폴 코판** Paul Copan
팜비치애틀랜타 대학교 철학 및 윤리학 교수

레녹스 박사는 성경과 과학이 동일한 창조주와 설계자를 보여준다는 점을 훌륭하게 논증한다. 사려 깊을 뿐 아니라 권위 있는 자료에 근거한 그의 연구는 창세기 창조 기사의 의미를 밝혀주는 데 도움을 주는 모든 주제들을 다루고 있다. 독자들은 회의적인 세상 앞에서 성경의 진리를 보다 박식하고 현명하게 변증할 수 있을 것이다.

**더글라스 그로타이스** Doug Groothuis
덴버 신학교 철학 교수

『최초의 7일: 창세기와 과학에 따른 세상의 기원』은 논란을 불러일으킬 것이 분명하지만, 그럼에도 계속되는 과학과 종교 간 논쟁에 관심 있는 모든 사람들이 주의 깊게 읽어볼 가치가 있는 책이다.

**헨리 F. 셰퍼** Henry F. Schaefer III

조지아 대학교 Graham Perdue 화학 교수

저자는 격렬한 논쟁을 불러일으킬 주제를 아무도 모방할 수 없는 방식으로 관대하고 유머 있고 겸손하게 다룬다. 그는 엄밀한 학문적 주장들을 탐구하면서도 과학과 성경의 자료들을 읽기 쉽고 재미있는 문장으로 정제한다. 나는 동료이기도 한 레녹스 교수로부터 가장 거친 비평들을 우아하고 솔직하게 대하는 법을 배웠다. 독특하고 통찰력 있는 이 책을 열정적으로 추천한다.

**라비 자카리아스** Ravi Zacharias

기독교 변증가

# Seven Days that Divide the World

The Beginning according to Genesis and Science

John C. Lennox

# 최초의 7일

## 창세기와 과학에 따른 세상의 기원

존 C. 레녹스 지음 | 노동래 옮김

Holy
WavePlus

이 책을 저술할 수 있도록 아이디어를 제공해준

래리 토튼(Larry Tauton)에게 드립니다.

# | 차례 |

## 기원의 기원

"태초에 하나님이 하늘과 땅을 만드셨다." 이 장엄한 표현은 역사상 가장 많이 번역되고, 가장 많이 인쇄되고, 가장 많이 읽힌 책의 첫 문장이다. 내가 케임브리지 대학교에 재학 중이던 1968년 성탄절 전야에, 아폴로 8호 승무원들이 달의 궤도를 선회하면서 이 구절을 읽어주는 모습이 생방송으로 중계되었는데, 당시 그 구절은 나에게 심대한 영향을 끼쳤다. 당시 이 모습을 지켜보던 수백만 명의 사람들에게 그 광경은 과학과 기술의 의기양양한 성취를 의미했으며, 그들의 상상력을 사로잡기에 충분했다. 이 성공을 축하하기 위해서 우주 비행사들은, 기록된 지 수천 년이 지났지만 여전히 어떠한 부가 설명이나 한정사항이 필요 없는 이 텍스트를 읽기로 했다. 창조의 사실에 대한 성서의 선언은 매우 적절할 뿐 아니라 어느 때고 명백한 사실이었다.

그러나 창조의 사실과는 별개로, 창조의 시기 및 방법, 특히 성서의 초두에 등장하는 유명한 날들의 전개 과정을 해석하는 문제에 이르러서는 수 세기에 걸쳐 많은 사람들이 창세기를 해석하는 일이 그리 만

만한 작업이 아님을 깨닫게 되었다. 실제로 이 문제는 미국의 학교들에서 창조론과 진화론 가운데 어떤 것을 가르칠 것인지에 관한 논쟁이나 영국에서의 종교 학교 문제,[1] 그리고 무엇보다도 창세기 기사를 근거로 기독교가 비과학적이라고(또는 심지어 반[反]과학적이라고) 간주하는 대중의 인식("새로운 무신론자들"에 의해 열렬히 지지되는)과 관련하여 언제나 치열한 논쟁거리였다.

나는 성서를 공개적으로 논의하기가 쉽지 않은 나라의 명문 대학교에서 문학을 가르치는 뛰어난 교수를 만난 적이 있다. 그녀는 내가 성서를 믿는 과학자라는 사실을 알게 되자 이에 흥미를 느끼고, 항상 궁금하게 여겼지만 감히 물을 수 없었던 질문을 나에게 하고 싶다고 말했다. 또한 그녀는 동유럽 특유의 예민함을 보이며 그 질문이 나를 난처하게 만들까봐 질문하기가 망설여진다고 덧붙였다. "우리는 학교에서 성서는 세상이 7일 동안 만들어졌다는 매우 어리석고 비과학적인 이야기로 시작한다고 배웠습니다. 과학자로서 당신은 이에 대해 뭐라고 말씀하시겠습니까?"

이 책은 그녀처럼 같은 이유로 기독교를 고려해보기조차 하지 않는 사람들을 위한 것이다. 또한 이 책은 이러한 논쟁으로 인해서만 아니라, 성서를 진지하게 받아들이는 사람들조차 창조 기사를 해석하는 데 의견의 일치를 보이지 못한다는 사실로 인해서도 마음이 불편한 많은 기독교 신자들을 위한 것이기도 하다. 어떤 이들은 성서에 충실한 유일한 해석은 젊은 지구 창조론, 즉 창세기의 날들을 문자적으로 받아들이는 것이라고 생각했는데, 이러한 견해는 북아일랜드 아르마(Armagh)시의 어셔 대주교(Archbishop Ussher; 1581-1656)에 의해 유명세를 얻었다. (공교롭게도 나는 생애의 첫 18년을 아르마에서 보냈다.) 어셔 대주교는 지구가 시작된 날을 기원전 4004년으로 제시했다. 우주의 시작을 다루는 창세기 1장의 날들을 하루 24시간으로 이루어진 일주일로 보는 견해에 근거한 그의 계산은 지구의 나이를 약 40억 년으로 보는 현대 과학의 추정과는 수십만 배의 차이가 난다.

성서의 텍스트를 현대 과학과 조화시켜 이해할 수 있다는 입장을 취하는 사람들도 있다. 오래된 지구 창조론자들은 다윈의 진화론이 타당한가라는 문제를 두고 의견이 갈린다. 마지막으로 어떤 이들은 창세기 기사가 영원한 신학적 진리를 전달하기 위해 기록된 것이며, 이를 과학과 조화시키려는 것은 그릇된 시도라고 주장한다.

이 주제는 확실히 잠재적인 지뢰밭이다. 그러나 나는 이 상황이 절망적이라고 생각하지는 않는다. 무엇보다도 나처럼 성서의 영감과 권위를 확신하면서 일평생 과학에 적극적으로 관여해온 많은 그리스도인들이 있다. 우리는 하나님이 그의 말씀인 성서와 우주 전체의 저자이기 때문에 성서 데이터의 정확한 해석과 과학 데이터의 정확한 해석 간에 궁극적인 조화가 있을 것이라고 생각한다. 실로 16세기와 17세기에 자연과 그 법칙을 이해하려는 현대 과학의 탐구에 근본적인 자극과 계기를 제공한 것은 우주와 자연 법칙의 배후에 창조적 지성이 존재한다는 확신이었다. 더구나 과학은 (무신론자들이 종종 주장하는 것처럼 신을 불필요하고 무의미한 존재로 만들기는커녕) 실제로 신의 존재를 확증해주는데, 나는 『하나님의 장의사: 과학이 하나님을 매장했는가?』(*God's Undertaker: Has Science Buried God?*)[2]라는 책에서 이 문제를 중점적으로 다루었다.

# 이 책의 구성

이 책은 다섯 개의 장과 다섯 개의 부록으로 구성되어 있다. 1장은 논쟁의 내용과 그것을 어떻게 다룰지를 보여주는 서론으로서, 지동설이 16세기에 일반적으로 받아들여졌던 성서 해석에 제기했던 도전에 대해 논의한다. 2장은 몇 가지 성서 해석 원칙들을 살펴보고 이를 이 논쟁에 적용한다. 3장은 이 책의 중심으로서, 창세기의 날들에 대한 해석을 살펴본다. 4장은 인류의 기원에 대한 성서 기사, 인류의 고대성, 그리고 이와 관련하여 죽음의 문제를 신학적으로 다룬다. 마지막으로 5장에서는 창조 주간에 대한 논의에 균형감각을 부여하기 위해 신약성서로 눈을 돌릴 것인데, 여기서는 창세기 1장의 창조 내러티브 중에 어떤 측면들이 그곳에서 강조되었는지 그리고 그런 측면들이 오늘날의 우리에게 어떤 의미를 갖는지 살펴볼 것이다.

부록에서 다루는 이슈들도 중요한 것들이지만, 독자들이 성서 텍스트에서 벗어나지 않고 성서 구절에 집중할 수 있도록 그것들을 책의 말미에 두었다. 부록 A는 문화와 문학이라는 면에서 창세기의 배경을 살펴본다. 부록 B는 창세기 1장을 소위 우주적 성전에 대한 기록으로 보는 견해를 다룬다. 부록 C는 시공간에 시작이 있다는 사실에 대해 창세기와 과학이 견해를 같이한다는 것을 설명한다. 부록 D는 창세기 1장과 2장이 모순되는가라는 문제를 다룬다. 마지막으로 부록 E는 유신 진화론을 고찰하는데, 특히 소위 "틈새의 신" 논증에 주의를 기울인다.

이 소책자가 모든 범위를 포괄하지 않는다는 점을 미리 밝힌다. 이 책은 지난 수년간의 빈번한 요청에 부응하여 저술되었다. 분량을 고려하여 가장 자주 질문받는 이슈들에 우선순위를 부여하는 바람에 다른 많은 흥미 있는 질문들은 배제할 수밖에 없었다.

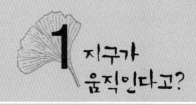

# 1 지구가 움직인다고?

## 역 사 로 부 터 의  교 훈

이 책은 크게 논란이 될 만한 주제에 관한 책이다. 때로는 다소 신랄한 이견이 표출되어왔다. 그러나 나는 아일랜드 사람임에도 이러한 경우에 한번 제대로 싸워보는 것이 가장 좋은 접근법이라고 제안하지는 않겠다. 실로 논쟁을 다루는 과정에서 다소의 통찰력을 얻기 위해 나는 16세기에 발생했던 또 하나의 주요한 논쟁으로 되돌아가고자 한다. 그때 책을 썼더라면, 나는 "성서는 지구가 움직이지 않고 우주에 고정되어 있다고 가르치는 것 같은데 지구가 움직인다는 천문학자 니콜라스 코페르니쿠스(Nicholas Copernicus)의 제안에 대해 어떻게 생각해야 하는가"와 같은 질문을 다뤘을 것이다.

이 사안은 요즘에는 큰 문제가 아닌 것으로 보이지만, 당시에는 매우 뜨거운 주제였다. 왜 그랬을까? 기원전 4세기에 유명한 그리스 철학자 아리스토텔레스(Aristotle)는 지구가 우주의 중심에 고정되어 있고, 태양과 별, 그리고 행성들이 지구 주위를 돈다고 가르쳤다.[1) 이미 기원전 250년에 사모스의 아리스타르코스(Aristarchus of Samos)가 태양 중심(heliocentric)[2] 시스템을 제안했지만, 지구가 고정되었다는 아리스토텔레스의 견해가 수백년을 지배했다. 어쨌거나 이러한 견해는 보통 사람들에게 참으로 그럴듯해 보였다. 실제로 태양이 지구 주위를 도는 것처럼 보일 뿐 아니라, 만일 지구가 움직인다면 왜 우리는 우주로 내동댕이쳐지지 않는가? 지구가 빠르게 돌고 있다면 공중에 던진 돌은 왜 똑바로 아래로 떨어지는가? 우리는 왜 우리가 움직이고 있는 반대 방향으로부터 불어오는 강한 바람이 얼굴을 스치는 것을 느끼지 못하는가? 확실히 지구가 움직인다는 생각은 터무니없지 않은가?

아리스토텔레스의 책은 라틴어로 번역되었으며, 중세에 토마스 아퀴나스(Thomas Aquinas; 1225-1274)의 방대한 지성의 도움으로 로마 가톨릭교회에 영향을 끼쳤다.

아리스토텔레스는 우주가 오래되었을 뿐 아니라, 항상 존재하고 있었다고 믿었다는 점을 간단히 언급해둔다. 아퀴나스는 영원한 우주와 철학적 의미에서 창조자로서의 신의 존재를 조화시키는 데 어려움을 느끼지 않았지만, 성서가 우주에 시작이 있다고 분명하게 말하기 때문에 위와 같은 견해를 성서와 조화시키는 것이 어렵다는 점은 인정했다. 이와 달리 지구가 고정되었다는 견해는 성서가 말하는 바와 잘 들어맞는 것처럼 보였다. 예를 들자면 다음과 같은 구절들이 있다.

온 땅이여, 그 앞에서 떨지어다. 세계가 굳게 서고 흔들리지 아니하는도다 (대상 16:30).

세계도 견고히 서서 흔들리지 아니하는도다(시 93:1).

땅에 기초를 놓으사 영원히 흔들리지 아니하게 하셨나이다(시 104:5).

땅의 기둥들은 여호와의 것이라. 여호와께서 세계를 그것들 위에 세우셨도다(삼상 2:8).

더구나 성서는 지구가 고정되었다고 가르치는 것처럼 보일 뿐만 아니라 태양이 움직인다고 분명히 말하는 듯하다.

하나님이 해를 위하여 하늘에 장막을 베푸셨도다. 해는 그의 신방에서 나오는 신랑과 같고, 그의 길을 달리기 기뻐하는 장사와 같아서 하늘 이 끝에서 나와서 하늘 저 끝까지 운행함이여. 그의 열기에서 피할 자가 없도다(시 19:4-6).

해는 뜨고 해는 지되 그 떴던 곳으로 빨리 돌아간다(전 1:5).

그러니 1543년에 코페르니쿠스가 유명한 책 『천체의 회전에 관하여』(On the Revolution of the Celestial Orbs)를 출간하여 지구와 행성이 태양 주위를 돈다는 견해를 내놨을 때, 이 경악할 만한 새로운 과학 이론이 개신교와 가톨릭 모두에 의해 이의제기를 당한 것도 놀랄 일이 아니다. 코페르니쿠스가 그의 책을 펴내기도 전에 마르틴 루터(Martin Luther)는 『탁상담화』(Table Talk, 1539)에서 다소 강력한 어조로 태양이 중심이라는 견해를 거절했다고 알려져 있다.

> 마치 마차나 배를 타고 있는 사람이 자신은 앉아서 쉬고 있는데 지구와 나
> 무들이 걷고 움직인다고 생각하는 것처럼, 하늘, 태양, 달이 아니라 지구가
> 움직인다는 것을 증명하려는 새로운 천문학자들에 대한 이야기가 있다.
> 그러나 요즘에는 사정이 그렇게 돌아간다. 똑똑해지기 원하는 사람은…뭔
> 가 특별한 것을 발명해야 하며, 그렇게 하는 방식도 최고일 필요가 있다!
> 바보는 천문학이라는 학문 전체를 완전히 뒤엎으려 한다. 그러나 성서가
> 증언하는 바에 따르면 여호수아는 지구가 아니라 태양이 움직이지 않고
> 멈춰주기를 구했다.[3]

『탁상담화』에 나오는 루터의 많은 논평들은 농담이며, 위에 인용
한 발언의 진정성에 대해 상당한 논란이 있다. 역사가 존 헤들리 브룩
(John Hedly Brooke)은 다음과 같이 논평한다. "루터가 정말로 코페르
니쿠스를 바보라고 했는지는 의심스럽지만, 그는 한 치의 주저함 없이
코페르니쿠스의 견해를 거절하면서 여호수아가 지구가 아니라 태양에
게 멈추라고 말했음을 상기시켰다."[4]

한편 장 칼뱅(John Calvin)도 지구가 고정되어 있음을 굳게 믿었다.
"창조주 하나님이 지구를 고정시키고 자리를 잡지 않았더라면, 위의 하
늘들은 끊임없이 빠르게 움직이고 있는데 지구가 어떻게 움직이지 않
을 수 있었겠는가?"[5]

코페르니쿠스보다 몇 년 뒤인 1632년에 갈릴레오(Galileo)는 유명
한 책 『두 가지 주요 우주체계에 관한 대화』(*Dialogue concerning the*

*Two Chief World System*)에서 아리스토텔레스의 견해에 도전했다. 이 사건은 역사적으로 종교가 과학에 얼마나 적대적인지에 대한 상징적인 실례가 되었다. 그러나 갈릴레오는 무신론자이기는커녕, "우리에게 지각과 이성과 지성을 부여한" 창조주는 우리들이 "그것들을 무시하기를" 바란 것이 아니라, "우리가 그것들을 통해 얻을 수 있는 지식을 다른 수단을 통해 우리에게 주려고"[6] 의도했다는 깊은 내적 확신에 이끌렸다. 갈릴레오는 자연 법칙이 하나님의 손에 의해 "수학의 언어"[7]로 기록되었으며, "인간의 마음은 신의 작품이며 가장 뛰어난 작품이다"[8]라는 입장을 견지했다.

지구가 움직인다는 갈릴레오의 이론은 처음에는 아리스토텔레스주의 철학자들에게 공격을 받았으며, 이후로는 로마 가톨릭교회로부터 공격을 받았다. 무엇이 걸린 문제인지는 명확했다. 갈릴레오의 과학은 학계 및 교회에서 보편적으로 받아들여지고 있는 아리스토텔레스주의를 위협하고 있었다. 과학과 종교 간의 갈등보다 두 가지 "과학적" 세계관 사이의 갈등이 훨씬 더 컸다. 결국 갈릴레오는 압력을 받아 자신의 주장을 "철회"할 수밖에 없었지만, (일설에 의하면) 종교 재판관들에게 "그래도 지구는 움직인다"라고 중얼거리지 않을 수 없었다.

물론 로마 가톨릭교회가 종교재판을 통해 갈릴레오의 입을 막은 것이나 여러 세기가 지나서야 그를 복권시킨 것에 대해서는 변명의 여지가 없다. 그러나 흔히 알고 있는 것과는 달리 갈릴레오는 고문을 받지 않았으며 종교재판 이후 가택연금 기간의 대부분을 친구들 소유의 호화로운 별장에서 보냈다. 게다가 이 과학자는 신중하지 못한 언행으로 많은 문제들을 자초하기도 했다.

많은 과학 역사가들은 갈릴레오 사건이 과학과 종교 간의 갈등에 관한 문제라는 단순화된 견해를 확증해줄 수 있는 것이 전혀 없다고 결론짓는다.[9]

나는 이 책의 독자들이 지구가 스스로의 축을 중심으로 자전할 뿐 아니라, 평균 초속 30킬로미터(시속 약 108,000km)로 태양 주위를 타원형 궤도로 돌아서 이 궤도를 한 바퀴 도는 데 1년이 걸린다는 생각을 아주 자연스럽게 받아들이리라고 생각하는데, 이러한 태양 중심적 견해를 확립하기까지는 오랜 시간이 걸렸다.

그러나 지금 우리는 중요한 질문에 직면해 있다. 그리스도인들은 왜 이 "새로운" 해석을 받아들이고, "지구의 기둥들"에 대한 "문자적" 이해를 주장하지 않는가? 왜 이제는 더 이상 지구가 고정되어 있다고 믿는 사람들과 지구가 움직인다고 믿는 사람들로 나뉘지 않는가? 참으로 우리 모두가 타협했으며, 성서가 과학에 굴복했기 때문인가?

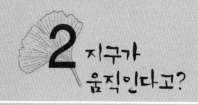

## 2 지구가 움직인다고?

성 서 에 관 한 교 훈

## 성서를 어떻게 이해해야 하는가?

물론 갈릴레오 논쟁에는 성서를 어떻게 해석할 것인가라는 문제가 걸려 있다. 그러니 먼저 해석의 몇 가지 일반적인 원칙들에 대해 고찰한 후에 그 원칙들을 "움직이는 지구 논쟁"에 적용해보기로 하자.

먼저 성서에 대해 우리가 기억할 필요가 있는, 당연하면서도 중요한 사항은 그것이 문학이라는 사실이다. 성서는 모든 장르를 망라한다. 성서의 일부는 역사적 기록이고 일부는 시문학이며, 또 다른 일부는 서간문으로서 그 내용과 양식이 상당히 다채롭다. 일반적으로 문학에 접근할 때 가장 먼저 물어야 할 질문은 저자가 자신의 글이 어떻게 이해되기를 원하는가 하는 것이다. 예를 들어 수학 교과서 저자는 자신의 책이 시문학으로 이해되기를 바라지 않으며, 셰익스피어(Shakespeare)는 우리가 그의 희곡을 정확한 역사 기록으로 대하기를 원하지는 않을 것이다.

다음으로 우리는 주어진 문단, 문장, 단어 또는 어구를 해석할 때 역사적·문화적·언어학적 컨텍스트 속에서의 자연스러운 이해를 우선적으로 고려해야 한다. 종교개혁자들은 (고대의 예를 들자면) 창세기 2장에 언급되는 4개의 강들(비손, 기혼, 티그리스 및 유프라테스)이 각각 몸, 혼, 영, 그리고 마음을 상징한다는 해석을 거부하면서 이 점을 강조했다. 이러한 "풍유적" 해석 방법과 대조적으로, 종교개혁자들은 문자적 (literal) 해석 방법을 채택했는데, 옥스퍼드 영어사전에서는 이 용어를 "주어진 텍스트에서 자연스럽고 일상적인 의미를 취하고 일반적인 문법규칙을 적용하여 얻은 의미 또는 해석", 그리고 "더 나아가 단어가 갖는 일차적인 의미 또는 주어진 구절에 포함된 실제 어구들에 의해 표현된 의미로서 비유적이고 암시적인 의미와 구분되는 것"[1]이라고 정의한다. 물론 문학을 이런 식으로 이해하는 것은 전혀 새로운 일이 아니다. 이것은 우리가 의식하지도 못한 채 매일 독서와 대화에서 사용하고 있는 방식이다.

기독교 신앙의 기본적인 교훈을 다룰 때에는 성서 구절에 대한 자연스러운 해석을 고려하는 것이 중요하다. 기독교의 근본 교리들과 관련하여 중요한 점은 무엇보다도 이 교리들이 자연스럽고 일차적인 의미로 이해되어야 한다는 점이다. 그리스도의 십자가는 일차적으로 은유(metaphor)가 아니라 실제 죽음과 관련된 것이다. 마찬가지로 부활도 풍유(allegory)가 아니라 물리적 사건, 즉 죽었던 몸이 "다시 일어난 것"[2]이었다.

그러나 이러한 기본 원칙에는 제한이 필요하다. 예를 들어 우리와 시간적·지리적으로 거리를 두고 있는 문화에서 기록된 텍스트를 다룰

24

때는 우리가 자연스러운 의미로 받아들이는 것이 그 텍스트의 일차 수신자들에게는 자연스러운 의미가 아닐 수도 있음을 고려해야 한다. 이 문제에 대해서는 후에 다시 언급할 것이다.

이 단계에서는 우리가 언어를 사용하는 방법에 대해 몇 가지 언급하고자 한다. 내가 말하려 하는 내용에 대해 익숙한 사람도 있겠지만, 우리가 언어를 어떻게 사용하는지에 대해 그다지 생각해보지 않은 사람이 대다수일 것이다. 우리는 이 문제에 대해 신경을 쓸 여유도 없을 만큼 바쁘게 언어를 사용하고 있다. 그러나 우리가 시간을 조금만 투자해서 이 문제에 대해 생각해본다면 큰 유익을 얻을 수 있다.

첫째, 단어 또는 구절에 대해 한 가지 이상의 자연스러운 독법(讀法)이 존재할 가능성이 있다. 실례로 창세기 1장에도 몇 가지 그러한 경우가 있다. "에레츠"(*erets*; earth)는 먼저 지구를 의미하는 용어로 사용되었는데, 조금 뒤에는 바다와 구분되는 마른 땅을 가리키는 용어로도 사용되었다. 두 경우에서는 동일한 단어가 동일하게 명백히 문자적으로 사용되었지만, 우리가 보는 것처럼 단어가 사용된 문맥에 따라 의미는 서로 다르다.

둘째, 문자적으로 이해해서는 뜻이 통하지 않는 경우가 많이 있다. 먼저 일상적인 대화에서 예를 들어보자. 우리는 일반적으로 사람들이 "자동차가 도로 위를 날아가고 있었다"(The Car was flying down the road)라고 말하면 그것이 뜻하는 바를 알아차린다. 자동차와 도로는 문자적으로 사용되었지만, "날아간다"는 표현은 비유적인 것이다. 또한 우리는 "날아간다"라는 비유가 "빨리 달린다"라고 문자적으로 표현될 수 있는 매우 사실적인 무언가를 나타낸다는 것도 잘 알고 있다. 이처럼 어떤 문장이 비유를 포함한다고 해서 그 문장이 사실적인 대상을 전혀 지칭하지 않는 것은 아니다.

성서에서 예를 들어보자. "나는 문이다"(요 10:9)라는 예수의 말씀에서 "문"이라는 단어는 나무로 만들어진 문이라는 일차적이고 자연적인 의미로 이해되어서는 안 된다. 이 단어는 비유적으로 이해되어야 한다. 그러나 이 비유는 무언가 실제적인 것을 가리키고 있음을 주목할 필요가 있다. 예수는 실제적으로, 그리고 엄밀히 문자적으로 구원과 영생의 경험으로 들어가는 진정한 문이다. 우리가 이 말씀을 문자적으로 받아들이지 않는 이유는 세계에 대한 우리의 경험과 관련이 있음을 주목하라. 우리는 문에 대해 익히 알고 있으며, 문에 대한 우리의 경험이 예수가 비유를 사용하고 있다고 판단하도록 도움을 준다. 이 점에 대해서는 뒤에 다시 언급할 것이다.

더구나 C. S. 루이스가 지적하듯이, 우리는 비유를 사용하지 않고서는 우리가 즉각적으로 이해할 수 없는 것들에 대해 말할 수 없다. 그런 이유로 과학자들은 항상 비유를 사용한다. 그들은 빛의 "입자" (particles)와 에너지의 "파동"(wave packets)에 대해 이야기한다. 그러나 그들의 의도는 당신으로 하여금 문자적으로 빛을 작은 "구슬들"로, 또는 에너지를 바다 위의 "물결들"로 이해하도록 만들려는 것이 아니다. 그럼에도 각각의 경우에 비유는 보다 높은 차원에서 무언가 실제적인 것(원한다면 문자적인 것이라고 불러도 무방하다)을 묘사한다.

보다 복잡하면서도 흥미있는 사실은 때로 일차적 의미와 비유적 의미가 동시에 나타난다는 것이다. 그리스도의 승천(ascension)을 예로 들어보자. 이 용어는 일차적으로 제자들이 육안으로 관찰했던 사건, 곧 예수가 문자적으로 하늘로 들려 올라가신 것을 가리킨다.[3] 그러나 여기에는 그 이상의 의미가 있다. 위로 올라간다는 표현은 보다 깊은 의미를 담고 있다. 그는 하나님의 보좌에 오르셨다. 예를 들어 우리가 영국 여왕 엘리자베스 2세가 1952년에 영국의 왕좌에 올랐다고 말할 때, 우리는 단지 그녀가 웨스트민스터 대성당에 있는 화려한 의자에 올라앉았다는 것만을 의미하지는 않는다. 그녀가 화려한 의자에 앉은 것도 사실이지만, 이러한 (문자적) 앉음은 또한 그녀가 자신의 국민들에 대한 권력을 (문자적으로) 위임받았음을 의미하는 비유이기도 하다. 마찬가지로 그리스도의 (문자적) 오르심은 그가 (문자적으로) 우주에 대한 권세를 위임받았음을 나타내는 비유다.

이러한 예들을 통해 우리는 "문자적"(literal)이라는 용어가 부적절하게 사용되거나 또는 오해를 불러일으킬 수도 있음을 보는데, 이는 문자성(literality)에 다양한 수준이 있기 때문이다. 따라서 요즘에는 특정 단어 또는 표현의 기본적이고 일차적인 의미에 대해서는 "문자적"(literalistic)이라는 말을 사용하는 반면, 저자 또는 화자(話者)가 의도한 자연스러운 독법(讀法)을 가리키는 데는 문맥적(literal)이라는 말을 사용한다. 따라서 "자동차가 도로 위를 날아가고 있었다"라는 구절을 문자적으로 이해하면 자동차가 실제로 날아간 것으로 이해할 수 있다. 그러나 이 구절을 문맥적으로, 즉 자연스러운 의미로 읽으면 자동차가 매우 빠르게 달렸음을 의미할 것이다. 그러나 문자적이라는 용어를 이런 식으로 사용하는 데 대해 모두가 동의하는 것은 아니며, 이로 이해 종종 혼란이 발생하기도 한다. 그렇기 때문에 "문자적"이라는 표현을 사용할 때는 늘 주의를 기울여야 한다.

나는 저명한 천체 물리학자와 창세기의 창조 내러티브에 관해 대화를 나눈 적이 있는데, 그는 내게 성서를 믿는 것이 원시적이라고 말했다. 나는 내 견해의 요점을 설명하기 위해 칠판에 다음과 같이 썼다. "그리고 하나님이 빛이 있으라고 말씀하시니 빛이 생겨났다." 그는 이렇게 말했다. "그것은 참으로 원시적인 발상이군요. 설마 그 구절을 믿으시는 것은 아니겠지요? 성서는 하나님이 물리적인 소리상자를 가지고 있으며, 사람처럼 말을 한다고 주장하는 듯하군요." 다시 말해 그 천체 물리학자는 "말했다"라는 동사를 일차적이고 자연스러운 인간적 의미로 이해하고 있었다. 즉 그는 이를 문자적으로 이해하고 있었다. 나는 웃으면서 이렇게 말했다. "원시적인 것은 당신이군요." 물론 영이신 하나님에게는 물리적인 소리상자가 없지만, 그럼에도 그분은 소통하실 수 있다. 이처럼 "하나님이 말씀하셨다"라는 표현은 실제적이고 문자적인 소통을 가리키는데, 우리는 그것이 어떻게 이루어지는지에 대해서는 조금도 알지 못한다.

"말했다"라는 표현이 하나님에 대해 사용될 때에는 우리에 대해 사용될 때와는 뭔가 다른 것을 의미하지만,[4] 두 용례 간에는 충분한 관련성이 있기 때문에 하나의 단어로 두 가지 작업을 효과적으로 수행할 수 있다. 내가 천체 물리학자인 동료의 말에 웃음을 보인 이유는, 내가 그에게도 환기시킨 것처럼 과학자들은 눈썹 하나 까딱하지 않고 수시로 비유를 사용하기 때문이다. 그들이야말로 성서가 비유를 사용한다고 불평해서는 안 되는 자들이다.

앙리 블로쉐(Henri Blocher)의 다음과 같은 통찰력 있는 말은 기억할 가치가 있다. "사람의 말은 단어들을 통상적인 의미로만 사용하여 가장 단순하고 직접적인 방식으로 소통하는 평범한 산문으로 머무는 일이 좀처럼 없다."[5] 블로쉐가 의미한 바는 우리 모두가 일상의 대화에서 비유를 사용한다는 것이다. 비유가 없다면 삶이 얼마나 무미건조하겠는가.

언어 사용과 관련해서 더 많은 내용을 다룰 수도 있겠지만, 지금까지 진술한 것만으로도 기본적인 개념을 얻기에는 충분할 것이다. 확신컨대 독자들은 이 책이 영어 문법에 대한 장황한 설명으로 흐르기를 원치 않을 것이다.

만일 우리가 성서를 단순한 책 이상으로 다루려는 (바람직한) 의도를 가지고서, 우리가 일상적인 대화와 독서에서 익숙하게 접하는 (그리고 접해야만 하는) 어법, 단어의 배열과 같은 요소들을 성서에 대해 적용하기를 거부한다면 그것은 참으로 유감스러운 일일 것이다.

이런 점을 고려할 때 텍스트가 어느 정도의 수준에서 읽혀야 하는 가라는 질문에 대한 답은 명백하다. 우리는 우선 자연적이고 일차적인 의미를 취한다. 그리고 그렇게 해서 의미가 통하지 않으면 다음 수준으로 넘어간다. "나는 문이다"(요 10:9)와 "나는 생명의 떡이다"(요 6:48)라는 예수의 말씀이 하나의 예가 될 것이다. 그러나 성서의 권위에 대해 전적으로 확신하는 다양한 시대의 신자들이 서로 해석을 달리한다는 의미에서 답이 그리 명백하지 않은 경우도 있을 것이다. 그런 상황에서는 어떻게 해야 하는가? 이것은 갈릴레오 시대에도 뜨거운 쟁점이었다. 그러면 이제 지금까지 배운 것을 "움직이는 지구 논쟁"에 적용해서, 그리스도인들이 어떻게 이 "새로운" 해석을 받아들이고 지구의 기초 및 기둥들에 대한 문자적인 이해를 고집하지 않게 되었는지 알아

보자.

물론 이 일은 하룻밤 사이에 일어나지 않았다. 수백 년은 아닐지라도 상당히 오랜 기간 동안 고정된 지구론자(fixed-earthers)와 움직이는 지구론자(moving-earthers)라는 두 가지 상반된 입장이 존재해왔다. 이 입장들은 성서의 권위를 거의 또는 전혀 인정하지 않는 사람들에게뿐 아니라, 성서가 영감된 하나님의 말씀임을 확신하고 그것을 완전하고 최종적인 권위로 여겼던 사람들에게서도 유지되었다. 성서의 권위를 인정하는 사람들은 창조, 타락, 구원, 그리스도의 성육신, 삶, 죽음, 장사 지냄, 부활 및 승천, 그리스도의 재림에 대한 기대, 그리고 최후 심판을 포함한 복음의 핵심 요소들에 동의할 것이다. 그러나 그들은 지구의 움직임에 관한 성서의 가르침에 대해서는 의견의 일치를 보지 못했다.

여기서 곧바로 몇 가지 질문이 제기된다. 이 차이들은 단순히 지동설 신봉자들 사이에서 과학의 진보에 부응하려는 욕구에 의해 견인된 것인가, 아니면 고정된 지구 신봉자들의 비타협적 태도 또는 반과학적 태도의 결과였는가? 지동설 신봉자들은 과연 성서의 고결성과 권위를 훼손한 것인가?

## 성서와 과학

먼저 몇 가지 일반적인 사항을 언급해보자. 종종 성서는 과학과 전혀 관련이 없다고 말한다. 실제로 미국 하버드 대학교의 저명한 고생물학자 스티븐 제이 굴드(Stephen Jay Gould)는 종교와 과학이 별개의 영역 또는 교도권(magisteria)에 속한다고 제안한다.[6] 그의 주장은 과학과 종교가 근본적으로 다른 질문들을 다루며, 이 둘을 완전히 별개로 다룸으로써 양자를 조화시킬 수 있음을 의미한다.

이 견해(흔히 NOMA[nonoverlapping magisteria; 중첩되지 않는 교도권]이라는 약어로 불림)는 어떤 이들에게는 확실히 매력적이다. 성서와 과학이 서로 아무런 관계가 없다면 우리의 문제는 해결된다. 그러나 이러한 견해에는 두 가지 큰 문제가 있다. 첫째, 과학과 종교가 완전히 별개라는 주장은 종종 다른 신념, 즉 과학은 실재를 다루는 반면 종교는 산타클로스, 이빨 요정, 그리고 신을 다루는 것이라는 생각을 담고 있다. 과학은 진리를 다루고 종교는 공상을 다룬다는 인상은 상당히 보편화된 것이다. 하지만 성서의 진리, 영감 및 권위를 확신하는 사람은 아무도 이런 주장에 동의할 수 없을 것이다.

굴드의 견해에는 또 다른 장애가 있다. 우리는 과학과 성서를 완전히 분리할 수는 없는데, 왜냐하면 과학이 다루는 몇 가지 내용을 성서도 다루고 있기 때문이다. 게다가 여기에 해당하는 주제들은 우주 및 생명의 기원과 같은 매우 중요한 것들이다. 그 주제들은 과학 및 철학에도 토대가 된다. "태초에 하나님이 천지를 창조하셨다"(창 1:1)는 진술과 "하나님이 사람을 자신의 형상대로 창조하셨다"(창 1:27)는 진술은 객관적이고 물리적인 우주와 인간의 지위(status)에 관한 진술로서, 우주와 우리 자신에 대한 우리의 이해에 시사하는 바가 매우 크다.

여기서 나의 입장을 분명히 밝힐 필요가 있다. 나는 성서가 하나님의 말씀이라고 믿는 과학자다. 따라서 나는 성서로부터 과학에 관한 시사점을 도출하는 것이 정당하다고 생각되는 경우에는 그렇게 하는 것을 부끄러워하지 않는다. 그러나 성서에서 과학에 관한 시사점을 찾을 수 있다는 말이 성서를 뉴턴의 법칙, 아인슈타인의 방정식 또는 일반적인 소금의 화학 구조를 추론하는 과학 논문으로 간주한다는 의미는 아니다. 장 칼뱅은 그의 창세기 주석에서 이렇게 썼다. "여기서는 세계의 가시적 형태 외에는 아무것도 논해지지 않는다. 천문학이나 다른 난해한 학문을 배우고 싶은 사람은 다른 곳을 찾아보라."[7]

실로 하나님이 만드신 우주 안에서 우리에게 주어진 멋진 과제 중 하나는 그 안에서 우리 스스로 많은 것들을 발견해내는 일이다. 창세기에 따르면 최초의 인간에게 동물들의 이름을 지으라고 말씀하신 분은 하나님 자신이었음을 기억하라. 하나님이 동물들의 이름을 지어주신 것이 아니다(창 2:19-20). 이것은 대단히 흥미로운 사실인데, 왜냐하면 사물의 이름을 짓는 행위야말로 과학의 정수이기 때문이다(이를 분류학[taxonomy]이라고 부른다). 그러니 하나님이 과학을 시작하신 셈이다! 그런 이유로 뛰어난 과학자 제임스 클러크 맥스웰(James Clerk-Maxwell)은 시편 112:2을 케임브리지의 캐번디쉬 실험실(Cavendish Laboratory)에 새겨놓았다. "여호와께서 행하시는 일들이 크시오니 이를 즐거워하는 자들이 다 기리는도다." 하나님은 탐구 정신을 사랑하시는데, 이 사실은 내가 수학과 역사 및 과학 철학을 공부하는 데 큰 격려가 되었다.

또한 우리는 성서가 발달된 현대 과학의 언어로 기록된 것이 아니라는 점에 대해 기꺼이 동의할 수 있다. 이 상황에 대해 놀라거나 어려움을 느껴서는 안 되며, 오히려 감사와 안도감을 느껴야 한다. 예를 들어 하나님이 우주 및 생명의 기원에 대해 과학의 언어로 상세하게 설명하려 하셨다고 상상해보자. 비록 과학이 (우리 견해로는) 점점 더 정확성을 더해가고 있기는 하지만, 그것은 계속 변하고 발달하며, 불가피하게 수정이 요구된다. 만일 성서가 예를 들어 22세기 과학의 수준에서 사실들을 설명해놓았다면, 과학자를 포함하여 모든 현대인들에게 성서는 이해할 수 없는 난해한 책이 되어버렸을 것이다. 하나님이 이런 상황을 의도하셨을 리가 없다. 하나님은 자신이 뜻하신 바를 모든 사람이 이해하기를 원하셨다.[8] 실제로 창세기의 가장 두드러진 특징 중 하나는 창세기가 과학을 아는 사람과 모르는 사람 모두에게 접근 가능하며 모든 사람을 위한 메시지를 담고 있다는 점이다. 그래서 장 칼뱅은 이렇게 말했다. "성령은 천문학을 가르치려 의도하시지 않았다. 또한 가장 순박하고 별로 교육받지 못한 사람들에게 보편적으로 수용될 수 있는 교훈을 주시기 위해 성령은 모세와 다른 선지자들로 하여금 대중의 언어를 사용하게 하셨다.…성령은 비천하고 배움이 없는 사람들이 이해할 수 없는 방식으로 말씀하시느니 차라리 어린아이처럼 유치하게 말씀하시는 쪽을 택하실 것이다."[9] 이 말이 성서의 권위에 대해 모호한 태도를 취하는 사람에게서 나온 말이 아님을 주목할 필요가 있다. 또한 이는 오늘날 현대 과학에 직면한 그리스도인들의 낭패를 반영한 말도 아니다. 실로 아우구스티누스(Augustine, 354-430)는 이미 칼뱅보다 천 년 전에 똑같은 생각을 표현했다. "복음서에는 주님이 성령을 보내서서 해와 달의 경로를 가르쳐주실 것이라는 말씀이 없는데, 그 이유는 주님의 뜻이 수학자가 아니라 그리스도인을 만드시는 데 있었기 때문이다."

성서는 종종 과학적 언어보다는 현상학의 언어(외양의 언어를 뜻한다)라 불리는 언어를 사용한다. 성서는 누구나 볼 수 있는 것을 묘사한다. 모든 사람이 하는 것처럼 성서도 "해가 뜬다"라는 표현을 사용하는데, 사실은 지구의 자전 때문에 해가 "뜨는 것처럼" 보인다는 사실을 알고 있는 과학자들도 이 표현을 사용한다. "해가 뜬다"라는 표현이 성서나 과학자가 특정한 태양계 모델을 지지한다는 증거로 사용될 수는 없다.

여기서 다시 한 번 핵심적인 이슈를 강조하고자 한다. 성서는 과학 교과서는 아니지만 하나님의 계시된 말씀이기 때문에 과학자들이 논의하는 것과 같은 종류의 객관적 실재, 특히 우주와 인간의 기원에 관한 진리를 말해주고 있다.

아우구스티누스는 『창세기의 문자적 의미에 관하여』(*On the Literal Meaning of Genesis*)라는 책에서 그리스도인들이 과학을 어떻게 대할 것인지에 관한 몇 가지 재미있고 귀중한 조언을 제공한다. 그의 조언은 과학과 성서 기록이 충돌한다는 생각으로 인해 초래되는 긴장이 오늘날처럼 과학이 발달한 시대에만 존재하는 것이 아님을 보여준다. 아우구스티누스는 자신이 살던 시대에 이미 이러한 긴장에 대해 잘 알고 있었다.[10] 그 의미를 파악하기 위해서는 그의 말을 다소 길게 인용할 필요가 있다.

대개 비그리스도인들도 하늘과 땅에 관해 무언가를 알고 있으며…그들은 이것을 이성과 경험에 의해 확증된 것으로 간주한다. 만일 그리스도인이 성서의 의미를 설명하면서 이 주제들에 관해 말도 안 되는 주장을 펴는 것을 불신자가 듣는다면, 이는 수치스럽고 위험한 일이다. 우리는 모든 수단을 동원해서 사람들이 그리스도인의 무식을 드러내고 이를 경멸하는 난처

한 상항을 방지해야 한다.…혹시라도 불신자들이 자신들의 전문 분야에서 그리스도인이 실수를 하거나 성서에 관해 어리석은 주장을 설파하는 것을 듣게 된다면 그들은 틀림없이 성서에는 그들이 경험과 이성을 통해 배운 사실들에 관한 오류들로 가득하다고 생각할 텐데, 그렇게 되면 그들이 어떻게 죽은 자의 부활, 영생의 소망, 그리고 천국에 관한 문제들과 관련하여 성서를 신뢰할 수 있겠는가?[11]

아우구스티누스는 확실히 우리 중 어느 누구도 땅의 기초 및 기둥들에 관해 순진하게 문자적 해석을 받아들이지는 않으리라는 점을 지적한다. 우리는 과학적으로 무식하다고 보이기를 원하지 않으며[12] 기독교 메시지에 불명예를 초래하는 것도 원하지 않는다. 물론 아우구스티누스가 그리스도인들이 그리스도의 신성과 부활 등과 같은 기독교 메시지의 근본 교리에 관한 조롱까지도 회피해야 한다고 주장하는 것은 아니다(당연한 말이지만 언급해둘 필요는 있을 것 같다). 과학의 발달로 인해 기적을 받아들이는 것은 더 이상 불가능하게 되었다는 그릇된 주장에 기초한 그러한 조롱은[13] 확실히 기독교 역사의 초기부터 존재해 왔으며, 내가 알기로는 오늘날에도 여전히 존재한다. 우리가 아우구스티누스에게서 배워야 할 점은, 기독교 메시지에 관해 근본적이지 않은 사항에 관한 우리의 견해가 다른 신실한 그리스도인의 견해와 일치하지 않거나 또는 웃음거리가 되어서 불신자로 하여금 기독교 메시지에 관해 내가 말하려는 어떤 것도 듣고 싶지 않게 만들 경우에는, 내 해석이 잘못되었을 수도 있다는 가능성을 열어두어야 한다는 것이다.

우리들 대부분은 틀림없이 성서에서 핵심 메시지에 속하는 사안들과 보다 덜 중요한 사안들, 다시 말해 이견의 여지가 있는 사안들을 구분하는 것이 중요하다는 점에 동의할 것이다.[14] 또한 성서가 실제로 말하는 것과 우리가 성서의 의미라고 생각하는 것도 구분할 필요가 있다. 최종 권위를 가지는 것은 성서이지 성서에 대한 우리의 이해가 아니다. 성서의 메시지를 믿는다고 고백하는 사람들이 서로를 존중하는 가운데 토론을 통해 무언가를 배우려 하기보다는 서로 다투거나 상대방을 희화화함으로써 자신들의 고백과 모순되게 행동하는 것은 슬픈 광경이며, 기독교 메시지에 불신을 초래하는 행동이다.

"움직이는 지구" 논쟁에 관해서도 우리는 아우구스티누스의 충고를 수용할 수 있는데, 왜냐하면 비록 성서 텍스트가 고정된 지구설을 지지하는 것으로 해석될 수 있다는 것도 사실이지만, 태양계의 운동에 대한 우리의 광범위한 이해에 비추어볼 때 성서 텍스트들에 대해 보다 합리적인 다른 가능한 해석들이 존재한다는 것을 알기 때문이다.

우리는 이제 지구가 돌, 콘크리트, 또는 강철로 만들어진 문자적 의미의 기초 또는 기둥들 위에 놓여 있지 않으며, 따라서 "기초" 및 "기둥"이라는 용어들이 비유적 의미로 사용되었음을 안다. 그러나 그 비유들이 실제적 대상을 지칭한다는 점을 다시금 강조할 필요가 있다. 창조주 하나님은 행성계가 자신의 목적을 완수하는 데 필요한 만큼 오랫동안 존재할 수 있도록 보장해주는 확고한 안정성을 이 시스템 안에 심어놓으셨다. 과학은 지구가 오랜 기간 동안 안정된 궤도를 유지하고 있음을 보여주었는데, 이는 부분적으로는 중력의 역제곱의 법칙, 지구축의 기울기를 안정화시키는 달의 존재, 그리고 다른 행성들을 동일한 궤도 평면에 위치하도록 도움을 주는 목성의 존재 덕분이다.[15] 따라서 지구의 안정성은 아주 실제적이다. 당신은 이것을 문자적, 또는 진정한 안정성이라고 부를 수 있다. 비록 이 단어를 사전적으로 이해해서 움직임이 전혀 없는 상태로 이해해서는 안 되지만 말이다.

덧붙여서 우리는 비유적 해석이 전적으로 논리적이고 의미 있는 텍스트 이해라는 것을 알기 때문에 성서에 관한 비유적 해석을 받아들인다. 지구가 물리적으로 우주의 중심이어야만 하나님의 관심 대상에서 중심인 것은 아니다. 우리의 해석이 과학 지식에 의존하기는 하지만 그것이 성서의 권위를 훼손하지는 않는다. 여기서 중요한 것은 성서에 일차적 권위가 있으며, 경험과 과학은 성서가 허락하는 가능한 해석들 사이에서 무엇을 선택할지 돕는 역할을 한다는 점이다.

그러므로 대다수의 그리스도인들은 지구의 기초 및 기둥들에 대한 비유적 해석에 완전히 만족한다. 과학이 그들의 해석을 정교하게 하고 조정하도록 도움을 주기는 했지만, 그들은 이를 부자연스럽거나 과학에 굴종하는 것으로 여기지 않는다.

그렇다면 성서의 기록을 "고정된 지구" 이론에 대한 주장으로 받아들였던 수백 년 전 세대의 신자들을 어떻게 생각해야 하는가? 그들이 우리가 현재 알고 있는 사실들을 몰랐다는 이유만으로 그들이 복음과 성서를 믿지 않은 자들이라고 비난할 것인가? 물론 그렇지 않다. 그들은 그러한 해석으로 성서를 이해할 수 있었고, 그 해석은 당대 최고의 과학과 일치하는 것이었다. 사실 고대 세계의 어느 누구도 지구가 움직인다는 증거를 가지고 있지 않았다(사모스의 아리스타르코스 같은 사람들이 그런 추측을 하기는 했지만 말이다).

루터와 칼뱅의 태도에 관해서는 존 헤들리 브룩의 통찰력 있는 언급에 주목할 필요가 있다. "중요한 것은 루터와 칼뱅이 과연 전 생애에 걸쳐 확신을 가지고서 코페르니쿠스 이전의 우주론을 교조적으로 지지 했느냐 하는 점이 아니라, 새로운 시스템이 타당성을 획득함에 따라 그들의 성서 주해 원칙들이 불가피한 충돌을 초래했느냐 하는 점이다."[16] 브룩은 그렇지 않다고 주장한다.

흥미롭게도 지구가 움직인다는 최초의 확고한 증거는 1725년에야 발견되었는데, 그해에 옥스퍼드 대학교 천문학과 새빌 석좌교수였고 후에는 왕립 천문학자였던 제임스 브래들리(James Bradley)가 용자리 감마별[17]의 광행차(aberration)를 관찰함으로써 지구가 움직인다고 결론을 내렸다. 당시에는 고정된 지구 이론이 사회 전반의 지배적 견해였기 때문에 그리스도인들이 고정된 지구라는 관점에서 성서를 해석해도 불신자들의 조롱을 받지 않았다. 수백 년 동안 사람들은 이에 대해 의문을 제기하지 않았는데, 왜냐하면 그럴 이유가 없었기 때문이다.

하지만 지구가 움직인다는 사실이 명백해지고, 또 성서의 무결성이나 권위를 훼손하지 않고서도 그러한 사실에 부합하도록 성서를 해석할 수 있다는 점이 보편적으로 수용된 이후로는 성서가 지구가 하늘에 고정되어 있다고 가르친다는 입장을 견지하는 사람은 조롱을 받아 마땅하며, 그는 성서의 평판을 떨어뜨리는 것이다.


## 갈릴레오로부터 배울 마지막 교훈

갈릴레오 사건은 우리가 성서가 실제로 "말하는 것"과 그에 대한 우리의 "해석"을 조심스럽게 구분할 필요가 있다는 것을 가르쳐준다. 성서 텍스트는 우리가 생각했던 것보다 더 복잡할 수 있으며, 따라서 우리는 성서가 결코 가르치려고 의도하지 않았던 주장을 지지하기 위해 그것을 오용할 위험이 있다. 성서는 지구가 고정되었다고 가르치는 것으로 이해될 "여지가" 있다. 그러나 성서가 "반드시" 그런 식으로 이해될 필요는 없다. 갈릴레오는 당대에 그렇게 생각했으며 이후의 역사는 그가 옳았음을 증명했다.

이 문제를 다른 각도에서 바라볼 때 얻을 수 있는, 자주 언급되지 않는 또 다른 교훈이 있는데, 바로 우주에 대해 보다 나은 과학적 이해를 보여준 사람은 (성서를 믿었던) 갈릴레오라는 점이다. 우리가 아는 바와 같이 그는 그렇게 함으로써 일부 교인들의 반계몽주의에 대항했을 뿐 아니라, (무엇보다도) 당대의 세속 철학자들의 저항과 반계몽주의에 대항했는데, 그들도 교인들과 마찬가지로 확신에 찬 아리스토텔레스주의자들이었다. 오늘날의 철학자들과 과학자들도 사실 앞에서 겸손할 필요가 있는데, 설사 그것이 하나님을 믿는 신자들에 의해 지적 당한다 하더라도 말이다. 하나님에 대한 신앙을 가지지 않았다고 해서 하나님을 믿는 사람보다 과학적으로 정통성을 더 갖는다는 보장은 없다. 분명한 것은 갈릴레오의 시대에나 우리 시대에나 지배적인 과학적 패러다임을 비판하는 데는[18] 누가 관여하던 간에 많은 위험부담이 따른다는 것이다.

마지막으로, 우리는 두 가지 극단을 피해야 한다. 첫째, 앞에서 살펴본 것처럼 그러한 견해가 당대의 지배적인 과학적 패러다임이었다는 점을 고려할 때 그들을 비난하기는 어렵지만, 우리는 고정된 지구론자들이 그랬던 것처럼 성서 해석을 당대의 과학과 너무 밀접하게 연관 짓는 위험을 피해야 한다. 사실 이러한 이유로 나는 성서 해석과 과학을 연관 지을 때 "특정 시기"의 수렴에 대해 말하기를 선호한다. 예를 들어 요즘에는 (시공간의) 시작에 대해 합의가 이루어지고 있다. 이 점에 대해서는 적절한 때에 다룰 것이다.

이와 정반대의 위험은 과학을 무시하는 것이다. 이것은 아우구스티누스가 경고했던 것처럼 복음의 평판을 떨어뜨리는 행위다. 또한 이는 성서에서도 지지하지 않는 반계몽주의적 태도다. 로마서 1:20에서 바울은 하나님에 대해 설명하면서 이렇게 기록한다. "세상이 창조된 이래로 그의 보이지 않는 속성들, 즉 그의 영원한 능력과 신적인 특성이 만들어진 것들 안에서 분명하게 인식되었다. 따라서 그들은 변명할 수 없다." 그러므로 우리가 눈에 보이는 우주로부터 창조주 하나님에 관한 것들을 배울 수 있다고 한다면, 하나님이 주신 마음을 사용해서 이러한 것들이 무엇인지 생각하고, 자연에 드러난 하나님의 일반계시를 하나님의 말씀을 통해 주어진 특별계시와 관련지어서 이들 모두를 즐거워하는 것은 우리에게 주어진 의무다. 결국 우주를 만들어놓으신 분은 하나님이신데 우리가 이에 대해 관심을 갖지 않는다면 그것은 매우 이상한 일이 아닐 수 없다.

균형을 찾는다는 것이 언제나 쉬운 것은 아니지만 우리는 지구의 운동이라는 문제와 관련해서는 어느 정도 목표에 도달한 것처럼 보인다. 비록 그곳에 도달하기까지 1700년이나 걸리기는 했지만 말이다. 나는 이러한 사실이 다른 논쟁들에 대해서도 희망이 되기를 간절히 바란다. 이제 곧바로 또 하나의 문제를 다뤄보도록 하자.

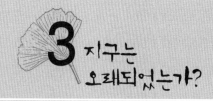

# 3 지구는 오래되었는가?

## 창 조 의 날 들

## 창세기의 날들에 대한 해석: 역사적 관점

우리는 모두 쟁점이 무엇인지 알고 있다. 그리스도인들은 창세기의 날들에 대한 견해에서 크게 두 그룹으로 나뉜다. 먼저 창세기의 날들은 24시간으로 이루어진, 지구 상에서 한 주간을 이루는 날들이며 지구는 젊다(약 6천 년 전에 창조되었다)고 믿는 사람들이 있다. 그런가 하면 지구가 오래되었다고 믿는 사람들이 있다. 여기서 우리는 젊은 지구 창조론자의 견해나 오래된 지구 창조론자의 견해 모두 오래전에 등장했다는 점을 충분히 이해할 필요가 있다. 어느 견해도 최근의 산물이 아니다.

그러나 창조론자라는 말은 차츰 그 의미가 변했다. 이 말은 원래 창조주를 믿는 사람을 의미했으며, 창조가 언제, 어떻게 이루어졌는지에 대한 함의는 없었다. 그러나 최근 들어 창조론자라는 표현은 대개 "젊은 지구 창조론자"를 의미하는 것으로 사용된다.

고대로부터 많은 사람들이 창세기의 창조 주간(creation week)과 일상적인 일주일을 동일한 맥락에서 이해해왔다. 예를 들어 유대력(Jewish calendar)은 "창조 시기"를 출발점으로 삼아왔는데, 유대력은 창조 시기를 기원전 3761년으로 본다(기원후 2009년 가을부터 2010년 가을까지가 유대력 5770년에 해당한다). 더구나 현대 히브리어에서 주중의 날들은 첫째 날, 둘째 날…여섯째 날로 표기되며 일곱째 날은 샤바트(히브리어로 안식을 뜻한다)라 불리는데 이는 창세기 1장과 정확히 일치한다.

종교개혁자 루터 및 칼뱅,[1] 그리고 웨스트민스터 신앙고백서를 작성했던 많은 사람들도 하루가 24시간이라는 견해를 가졌다. 칼뱅은 그의 창세기 주석에서 창조 기간을 "6일 사이에"(the space of six days)라고 했는데, 이 어구는 후에 웨스트민스터 신앙고백서에서 채택되었다.

그러나 고대에도 창세기 1장을 다르게 해석한 사람들이 있었다. 그중에 필론(Philo, 기원전 10년-기원후 50년)이라는 사람이 있었는데, 그는 그리스도와 동시대에 알렉산드리아에 살았던 영향력 있는 유대인 작가였다. 그는 여러 책을 저술했는데, 그중 『모세에 의해 주어진 세계의 창조에 대한 설명에 관한 소고』(A Treatise on the Account of the Creation of the World as Given by Moses), III.13에서 이렇게 말한다. "세계는 6일 동안에 만들어졌는데, 이는 창조주가 시간의 경과를 필요로 했기 때문이 아니라(왜냐하면 하나님은 명령을 발함으로써가 아니라 단지 생각하기만 해도 모든 것을 즉각적으로 할 수 있어야 한다는 사실이 당연하기 때문이다), 창조된 것들이 배열될 필요가 있었기 때문이다. 그리고 숫자는 배열과 유사하며, 모든 숫자들 중에서 자연 법칙상 6이 가장 생산적

최초의
7일

이다. 왜냐하면 모든 양의 정수 중에서 6이 최초의 완전수이기 때문이다. 달리 말해 6은 동일한 부분들로 이루어졌고, 그 부분들에 의해 완전해진다. 3은 6의 절반이고, 2는 6의 3분의 1이며, 1은 6의 6분의 1이고…." 이와 같이 필론은 창조가 한순간의 행동이었으며, 창세기 기록은 순서 및 배열의 원칙과 더 관계가 있다고 생각했다.

순교자 유스티누스(Justin Martyr, 그의 책『트리포와의 대화』에서), 이레나이우스(Irenaeus, 그의 책『이단 반박론』에서)와 같은 일부 초기 기독교 교부들은 시편 90:4("왜냐하면 주의 눈에는 천 년이 지나가면 어제와 같을 뿐이고, 밤의 한 경점[watch] 같을 뿐이기 때문입니다")과 베드로후서 3:8("주께는 하루가 천 년 같고, 천 년이 하루 같다")에 기초해서 창세기의 날들이 오랜 시대(epoch)일 수도 있다고 제안했다. 이레나이우스는 이런 창세기 독법을 하나님이 선과 악을 알게 하는 나무와 관련하여 주신 경고("네가 이것을 먹는 날에는 반드시 죽을 것이다"[창세기 2:17])에 적용했다. "그들이 먹은 바로 그날에, 그들은 또한 죽었다(왜냐하면 그것이 창조의 한 날이기 때문이다).…그(아담)는 천 년을 넘기지 않았고, 그 한계 안에서 죽었다."[2]

2세기에 알렉산드리아의 클레멘스(Clement of Alexandria, 기원후 150-215)는 유스티누스 및 이레나이우스와 마찬가지로 그의 저술에서 "시간은 존재하는 것들과 함께 태어났기" 때문에, 창조는 결코 시간 안에서 일어날 수 없다고 주장했다.[3] 따라서 그는 창세기의 날들을 창조의 시기에 관한 것이 아니라, 창조된 것들의 중요성을 널리 알리기 위한 것으로 이해했다. 얼마 후에 당대의 가장 탁월한 신학자였던 오리게네스(Origen, 기원후 185-254)는 창세기 기사에서 넷째 날까지는 태양이 만들어지지 않았음을 지적했다. 그는 아래와 같이 명백한 이의를 제기했다. "그러니 지성이 있는 사람이라면 어떻게 태양, 달 그리고 별들이 없이 첫째, 둘째, 셋째 날과 아침 저녁이 존재했다고 믿을 수 있겠는가?"[4] 그의 이의에 대해서는 다음 장에서 고려할 것이다.

4세기에 이르러 창세기에 관해 많은 저술을 했던 아우구스티누스는 『하나님의 도성』(*The City of God*)에서 창세기 1장의 날들에 관한 논의가 난해하다는 점을 공개적으로 천명했다. "이 날들이 무엇을 의미하는지 말로 설명하는 것은 고사하고, 생각만 하는 것도 어려울 것이다. 아마 불가능할지도 모른다."[5] 그는 『창세기의 문자적 의미에 관하여』(*On the Literal Meaning of Genesis*)라는 유명한 주석에서 이렇게 덧붙였다. "그러나 최소한 우리는 그것(창세기의 날)이 우리에게 익숙한 일반적인 날과는 다름을 안다." 사실 아우구스티누스는 (필론과 마찬가지로) 하나님이 모든 것을 순식간에 만드셨으며, 날들은 이를 우리에게 설명하기 위한 논리적 순서를 나타낸다는 입장을 취했다.

이들은 탁상공론을 펼치는 이론가들이 아니었다. 그들 중 일부는 신앙 때문에 고문을 당하거나 순교하기까지 했다. (호칭에 암시된 것처럼) 순교자 유스티누스, 이레나이우스, 오리게네스 같은 교부들이 이에 해당한다. 당연한 이야기지만 그들은 또한 지질학이나 진화 생물학과 같은 현대 과학의 영향을 받지도 않았다.

여기서는 간략하게 몇 가지 예를 보여준 것으로 만족하겠다. 덧붙이자면 창세기의 날들을 24시간으로 이루어진 날들로 이해하는 것이 여러 세기 동안 지배적인 견해였던 것으로 보인다.

창세기 초반의 장들에 대한 논의에서 발생하는 주요한 긴장들 중 하나는 창세기 저자가 이 책이 역사로 읽히기를 의도했다고 생각하는 사람들과, 저자의 의도가 비유적·신학적 언어를 통해 시대를 초월한 진리를 전달하는 것이라고 간주하는 사람들 사이에서 발생한다.

나는 "초반의 장들"이라고 명시했는데, 이는 창세기의 나머지 장들은 의심의 여지 없이 고대 근동의 이방 나라들 가운데에서 히브리 민족의 발흥을 묘사하고 아브라함, 이삭, 야곱의 가족사를 통해 히브리 민족의 연대기적 발전을 추적하는 역사적 내러티브라는 인상을 주기 때문이다. 따라서 많은 사람들이 동일한 창세기의 일부분인 초반의 장들에 대해서 같은 주장을 한다고 해도 그리 놀랄 일은 아니다. 또한 이 장들은 확실히 세상의 창조, 최초의 인간으로부터 문명의 발전 및 확산, 그리고 대홍수 시대에 노아와 그의 가족이 보존되어서 고대 근동 민족들의 조상이 되기까지의 역사적 내러티브를 설명할 때 실제 사건, 장소 및 사람들에 관해 말하고 있다는 인상을 강하게 주지 않는가? 나의 견해로는 일부 집단에서 신학을 역사로부터 분리시키려고 시도하는 것이야말로 실질적인 위험을 초래할 수 있다.[6]

물론 창세기는 우리가 살아가는 시대의 문화와는 아주 다른 시대의 문화로부터 우리에게 전해져온 텍스트다. 창세기는 고대 근동의 작품이며, 따라서 우리는 이것을 현대 서구의 관심사를 다루기 위해 기록된 서구의 문헌처럼 읽을 수는 없다.[7]

이는 다음과 같은 질문을 제기한다. 창세기는 자신의 배경이 되는 문화에 의해 얼마나 많이, 그리고 어떤 의미에서 영향을 받았는가?[8] 물론 이러한 질문은 성서의 어느 부분에도 적용될 수 있다. 이 책의 저자처럼 성서가 하나님의 계시임을 확신하는 사람들은 또한 하나님이 자신의 말씀을 세상에 전하실 때 각자 나름의 문화적 환경과 관점을 가진 인간 저자들을 사용하셨다는 점도 알고 있다. 예수는 공업, 항공업 또는 정글 탐험에 관한 우화들이 아니라 농업, 건축업 및 어업과 관련된 우화들을 말씀하셨다. 그럼에도 그의 우화들은 모든 시대의 모든 사람들에게 접근성을 갖는다. 창세기도 이와 유사하다. 고대 근동 문화를 알면 확실히 큰 도움이 되겠지만, 창세기의 중심 진술들은 시대를 초월하는 특질을 가지고 있기 때문에 그것들은 기원전 1000년에나 기원후 2000년에나 동일하게 이해 가능하다.

## 창세기의 날들에 관한 주요 견해들

상당한 기간 동안 창세기 1장의 날들에 대한 두 가지 주요 해석들(젊은 지구 창조론과 오래된 지구 창조론)은 아래의 주요 견해들을 중심으로 다양한 스펙트럼을 형성했다(물론 많은 변형들이 있다).[9]

| | |
|---|---|
| **24시간 견해** | 이 날들은 하루가 24시간으로 이루어진 7일이며, 대략 6천 년 전 지구 상의 한 주간이다. |
| **날-시대 견해** | 이 날들은 연대기적 순서를 보여주며, 각각의 날들은 특정되지 않은 기간을 나타낸다. |
| **프레임워크 견해** | 이 날들은 연대기적 순서라기보다 논리적 순서를 보여준다. |

첫 번째와 두 번째 견해의 의미는 명확하다. 그러나 세 번째 견해의 내용에 대해서는 간략히 설명할 필요가 있다. 여기서의 기본적인 입장

최초의
7일

은 두 종류의 순서를 구분하는 것과 관련이 있는데, 나는 앞에서 클레멘스와 아우구스티누스가 창세기에서 날들의 순서를 연대기적이라기보다는 논리적인 것으로 간주했다고 이미 언급했다.

예를 들어 보면 차이가 분명해질 것이다. 만일 한 건축업자가 자기 회사에서 병원을 어떻게 지었는지 묘사한다면, 그는 아마도 이 과정을 시간 순서대로 묘사할 것이다. "우리는 구멍을 파고, 기초를 닦은 후에 각 층을 올렸다. 지하층에는 주차장, 1층에는 원무과, 2층에는 병동, 3층에는 수술실, 4층에는 추가로 병동을 두었다." 그러나 내과의사에게 병원 건물에 대해 묘사해보라고 하면 그는 이렇게 말할 수도 있다. "우리는 3층에 수술실을 두고 그 위아래로 2층과 4층에 병동을 두었다." 내과의사는 시간 순서대로가 아니라 자신의 관점에서 병원을 논리적으로 묘사한 것이다. 우리는 이런 종류의 일들에 익숙해 있기 때문에 이를 자동적으로 알아차린다. 우리는 이 내과의사가 수술실이 갑자기 허공에 모습을 드러냈고 그 다음에 수술실 위와 아래로 병동이 지어졌음을 시사했다는 견해를 고집하지는 않을 것이다. 어쨌거나 우리는 이 내과의사가 매우 실제적이고 문자적으로 병원을 묘사하고 있다는 점을 알 수 있다.

성서에서 예를 들자면, 창세기 1장에 주어진 순서와 이사야 45:12에 주어진 순서를 비교해볼 수 있다. "내가 땅을 만들고, 그 위에 사람을 창조했다. 내 손으로 하늘을 펴고, 내가 하늘의 군대에게 명령했다." 이사야서를 읽는 사람 중에 하나님이 먼저 땅을 창조하시고, 그 다음에 인간을, 그리고 마지막으로 하늘을 만드셨다고 추론할 사람이 있겠는가? 나는 없을 것이라고 생각한다. 시적 형태를 갖춘 이사야서의 묘사는 시간 순서를 정하지 않는다. 그럼에도 나는 이사야가 무언가 실제적인 것, 실제로 일어난 사건을 묘사하고 있다는 점을 다시금 강조하고 싶다. 그러나 그가 이 사건들을 발생 순서에 따라 설명하고 있는 것은 아니다.

날들의 해석에 관한 견해들의 목록에서 세 번째 주요 해석, 즉 프레임워크(framework) 견해는 시간 순서보다는 논리적 순서에 우선순위를 둔다. 창세기의 날들이 문학적·예술적 프레임워크를 형성한다는 이러한 견해는 2백 년도 더 전에 요한 고트프리트 폰 헤르더(Johann Gottfried von Herder, 1744-1803)에 의해 제안되었다.[10] 이 견해에서는 1-3일로 이루어진 묶음이 4-6일로 이루어진 묶음과 대응한다.

| 날 | 형성 | 채움 | 날 |
|---|---|---|---|
| 1 | 빛 | 발광체 | 4 |
| 2 | 하늘/바다 | 바다 생물/날개 달린 생물 | 5 |
| 3 | 바다/마른 땅/식물 | 육지 동물/인간 | 6 |

첫 번째 묶음은 형체가 없었던 것들에게 형체나 구조를 부여하는 것과 관련이 있으며, 두 번째 묶음은 새로 만들어진 비어 있는 형체들을 채우는 것과 관련이 있다. 그래서 빛은 첫째 날에 창조되었고, 넷째 날에는 빛을 지닌 물체들, 즉 해와 달, 그리고 별들에 대해 말한다. 하늘과 바다는 둘째 날에 나타나고, 다섯째 날에는 바다가 바다 생물로 채워지고 하늘이 날개 달린 생물로 채워진다.

이러한 병렬 관계가 완벽하지 않다는 점이 종종 지적되었다. 예를 들어 넷째 날의 발광체들은 하늘에 놓여지는데, 하늘은 둘째 날에 최초로 언급된다. 따라서 첫째 날과 넷째 날이 완전한 병렬을 이루려면 하늘이 첫째 날에 언급되었어야 한다는 것이다. 또한 다섯째 날의 바다 생물들은 셋째 날의 바다, 또는 태초에 언급되는 깊음에 속한다. 그럼에도 이 단락에서의 병렬은 현저하며, 더구나 성서의 다른 곳에서도 발견되는 유형을 따르고 있다.[11]

세 번째 견해에서 발전되고 변형된 형태 중 하나가 "우주적 성전 견해"로 알려져 있다. 존 월튼(John Walton)에 의하면 날들은 하루 24시간의 시간적 추이를 의미하지만, "물질적 우주가 존재하게 된 기간으로서가 아니라 우주적 성전의 기능이 시작되는 데 주어진 기간으로, 그리고 아마도 그 연례적 재연(annual re-enactment)으로 주어진 것이다."[12]

그렇다면 프레임워크 견해와 관련하여, 첫 번째 3일과 두 번째 3일 사이에 병렬 관계가 존재한다고 해서 이 날들이 반드시 연대기적 순서를 형성하지 않는다는 의미로 받아들일 필요는 없다.[13] 간략하게 표현하자면, 어쨌거나 아직 존재하지 않는 마른 땅에 동식물이 존재할 수는 없는 것이다. 다음과 같은 데릭 키드너(Derek Kidner)의 논평이 적절하다. "날들의 행진은 너무도 장엄한 과정이기 때문에, 질서 정연한 추이에 관한 함의가 여기에 전혀 존재하지 않는다고 말할 수는 없다. 또한 이 구절은 너무도 오묘한 것이어서 이 구절이 일반 독자에게 주는 주요한 인상들 중 하나라도 폄하하는 견해를 취하는 것은 불가능한 것처럼 보인다."[14]

참으로 그렇다. 실제로 이 날들이 명백하게 숫자상의 순서를 따라 불리고 있다는 점과 이 내러티브에 사용된 동사의 형태들이 "기본적으로 시간의 추이를 포함하는 별개의 사건들을 묘사하기 위한" 것이라는[15] 문법적 고찰은 여기에 **연대기적** 순서가 의도되었다는 입장을 강력히 지지한다. 그렇다면 프레임워크의 존재는 이 텍스트에 질서 정연한 순서를 넘어서는 무언가가 있음을 시사한다. 순서와 프레임워크가 반드시 상호 배타적인 것은 아니다.

그렇다면 우리는 서로 다른 해석들의 존재를 어떻게 받아들여야 하는가? 주목해야 할 첫 번째 사항은 이것들이 **동일한** 텍스트에 대한 **다른** 해석들이라는 점이다. 여기까지는 명백하다. 한편 여기에는 우리가 고려해야 할 대단히 중요한 점이 있는데, 우리는 어떤 해석이 가장 합리적인지 결정하기 전에 먼저 **그 텍스트가 말하는 바가 무엇인지** 철저하게 살펴보아야 한다는 것이다.

그런데 이것이 말처럼 쉬운 일은 아닌데, 왜냐하면 우리는 모두 어떤 텍스트에 대해서도 선입견을 가질 수밖에 없기 때문이다. 하지만 경험에 의하면, 많은 경우에 문제는 우리가 특정 구절을 해석할 때 그 텍스트가 무엇을 "의미하는지" 간파하려고 서두르는 바람에 정작 그 텍스트가 정확히 무엇을 "말하는지" 이해하는 데 실패함으로써 발생하는 것이다. 물론 실제로는 텍스트가 무엇을 말하는지에 대한 우리의 견해와 텍스트가 무엇을 의미하는지에 대한 우리의 견해를 구분하기 어려울 때가 있다. 그럼에도 논의를 진행할 때 이 구분을 유념할 필요가 있다. 우리가 성서의 영감 교리를 받아들인다면, 앞에서 말한 것처럼 영감된 것은 성서이지 성서에 대한 나의 특정한 이해가 아니기 때문에 우리는 텍스트를 진지하게 대해야만 한다. 텍스트를 진지하게 대하는 방법 중 하나는 창세기 1장을 읽되, 마치 지금까지 한 번도 그것을 읽어본 적이 없는 것처럼 읽는 것이다.

이제 창세기의 첫 번째 단락인 1:1-2:3의 목차를 살펴보기로 하자.

1. 하늘과 땅의 창조에 관한 진술: 1:1-2
2. 하나님이 6일 동안 우주를 창조하시고 조직하심, 자신의 형상대로 인간을 창조하는 데서 절정을 이룸: 1:3-2:1
3. 일곱째 날, 하나님이 쉬신 날-안식일: 2:2-3

우리가 놓칠 수 없는 첫인상은 사건들의 연대기적 순서에 관한 것인데, 이는 최대한 간략하게 시간의 역사를 보여준다. 이 내러티브는 "형태가 없고 비어 있는"(1:2) 세상으로부터 시작한다. 이어서 하나님이 무어라 말씀하셨으며, 어떻게 창조 명령(creative Word)을 통해 매일매일 단계적으로 세상을 형성하시고 채우셔서 마침내 세상이 하나님의 형상과 모양을 지닌 독특한 피조물인 인간이 거주하기에 알맞게 되었는지를 묘사한다. 최종 목표(goal)를 향한 이러한 이동은 이후에 하나님이 세상을 텅 빈 공간으로 창조하신 것이 아니라 사람이 살 수 있도록 창조하셨다고 말하는 이사야서의 진술과도 일치한다. 요컨대 공허함은 최초의 단계였지 최종 단계가 아니었다는 것이다.[16] 최종 목표에 도달하기 위해서는 몇 단계를 거쳐야 했는데, 각각의 단계는 하나님이 부여하신 나름의 목적(purpose)을 달성했기 때문에 하나님은 그것들이 보시기에 좋았다고 말씀하셨다.

시대를 막론하고 창세기 1장을 읽는 독자들은 인간의 삶에서 가장 기본적인 단위인 "노동 주간"(human working week) 개념을 익숙하게 받아들일 것이다. 그들은 또한 출애굽기에서 하나님의 율법이 창조 내러티브를 어떻게 언급하고 있는지 잘 알고 있을 것이다. "안식일을 기억하여 이를 거룩히 지키라. 너희는 6일 동안 노동하고, 모든 일들을 하라. 그러나 일곱째 날은 주 너희 하나님의 안식일이다.…이는 주님이 6일 동안 하늘과 땅과 바다와 그 가운데 있는 모든 것들을 만드시고, 일곱째 날에 쉬셨기 때문이다. 그러므로 주님이 안식일을 복주시고 이를 거룩하게 하셨다"(출 20:8-11).

아마도 사려 깊은 독자들은 다음 사항들을 명확히 이해할 것이다. (1) 창세기 1장은 하나님을 그의 사역 주간 동안 낮에는 일하고 저녁부터 아침까지는 휴식을 취하는 창조적 장인(creative craftsman)으로 묘사한다. (2) 그러나 하나님의 창조 사역은 인간의 일과는 전혀 다르다. 우리는 하나님이 하시는 일들을 하지 않는다. 실제로 구약성서에서 "창조하다"라는 의미를 가진 히브리어 동사 "바라"(bara)는 언제나 하나님을 주어로 삼는다. (3) 인간의 휴식은 하나님의 휴식과 다르다. 하나님은 우리처럼 피곤해하시지 않는다. 그는 "졸지도 않고 주무시지도 않는다"(시 121:4). (4) 하나님의 창조 주간은 결코 반복되지 않는 반면 우리들의 노동 주간은 반복된다. 따라서 하나님의 창조 주간과 독자들의 노동 주간 사이에는 독자들의 이해를 돕는 접촉점들이 있는 것도 사실이지만 차이점도 존재한다. 독자들은 인간의 노동 주간이 하나님의 창조 주간과 유사하지만 동일하지는 않음을 알 수 있다. 여기서 문제는 하나님의 창조 주간을 어떻게 이해할 것인가 하는 점이다.

# 창세기 1:1-2:4에서 "날"이라는 단어의 의미

1. 히브리어에서 "욤"(yom)으로 표현된 "날"은 창세기 1:5에 최초로 언급된다. "하나님이 빛을 날(Day)이라 부르시고, 어두움을 밤(Night)이라 부르셨다." 이 진술의 자연스러운 독법은 무엇인가? 여기서 날은 밤과 대조되므로 24시간의 하루가 아니라 약 12시간에 해당하는 "낮 시간"이라는 의미에서의 "낮"(day)을 의미한다. 예수가 "낮(day)에 12 시간이 있지 않느냐?"[17]라고 말씀하시는 요한복음 11:9과 비교해보라. 히브리어뿐만 아니라 신약성서 그리스어와 영어에서 "날"을 뜻하는 단어는 몇 가지의 일차적 의미들을 지니고 있는데, 그중 하나가 "낮"이다.

2. 그런가 하면 창세기 1:5에서 "날"이라는 단어가 두 번째로 등장할 때는 첫째 날이 "저녁과 아침"에 관련된다고 말하는 맥락에서 나오기 때문에, 여기서 "날"은 자연스럽게 24시간으로 이루어진 하루를 의미하는 것으로 이해될 수 있다. 따라서 같은 절에 나오는 "날"이라는 단어가 2개의 서로 다른 일차적 의미를 갖는다.

3. "날"이라는 단어가 등장하는 다음 장소는 하나님이 창조 사역을 쉬셨던 일곱째 날, 곧 안식일에 대해 설명하는 곳인데, 여기서 우리는 주의를 기울일 필요가 있다. 여기서는 처음 6일과는 다르게 "저녁과 아침"에 대한 언급이 없다. 이 생략은 괄목할 만한 것이며, 따라서 설명을 필요로 한다. 예컨대 우주를 보전하시는 하나님의 사역과는 구분되는 창조 사역으로부터 하나님이 얼마나 오랫동안 쉬셨는가라는 질문에 대해서는, 하나님이 일곱째 날을 영원까지 연장되는 한 시대(epoch)로 만드심으로써 그 날을 거룩하게 구별하셨다는 아우구스티누스의 제안

도 충분히 고려할 가치가 있으며, 실제로 많은 주석가들이 이를 따르고 있다. 따라서 일곱째 날은 창조 활동을 수행한 날들인 처음 6일과 다르다고 할 수 있다.[18] 날들이 모두 지나가고 하나님은 창조 활동을 쉬셨다. 그리고 하나님은 지금까지도 쉬고 계신다. 다시 말해 우리는 지금도 여전히 하나님의 안식 안에 있다.[19] 그러나 하나님이 전혀 활동을 안 하시는 것은 아니다. 특히 그리스도가 안식일을 위반한다고 비난받았을 때 "내 아버지가 지금까지 일하고 계시니 나도 일한다"(요 5:17)라고 대답하신 말에 암시된 것처럼, 하나님은 우주를 보전하는 사역, 그리고 구원과 구속 사역은 쉬시지 않는다.

창세기 기사에 언급된 일곱째 날이 오랜 기간일 것이라는 확신으로 인해 다른 날들도 그와 유사하게 긴 시대일 수도 있다고 생각하는 사람들이 있다. 그러나 방금 전에 살펴본 것처럼 텍스트 자체가 일곱째 날이 다른 날들과 다르다는 암시를 주고 있기 때문에 우리는 주의를 기울일 필요가 있다.

4. 마지막으로, 창세기 2:4에 대한 일부 번역들에서 "하나님이 창조했을 때(When)…"라는 표현을 만나게 된다. 사실 "때"(when)라는 말은 히브리어 "그 날에"(in the day)를 번역한 것이다. 확실히 여기서는 노인이 "내가 젊었을 적에는(in my day) 공중에 비행기가 별로 없었다"라고 말할 때 하루 24시간을 의미하지 않은 것과 마찬가지로 창세기 저자도 하루 24시간을 염두에 둔 것이 아니다. 그는 "날"(day)이라는 단어를 특정 주간의 특정 일이 아니라 일정 기간을 묘사하기 위해 사용했음이 거의 확실하다. 우리는 이러한 용례를 "주의 날"이나 "마지막 날"과 비교해볼 필요가 있다. 여기서도 "날"은 24시간으로 이루어진 하루

를 의미하지 않으며, 확실히 정해지지 않은 기간을 가리킨다.

이처럼 "날"이라는 단어는 창세기 1:1-2:4의 짧은 텍스트에서만도 몇 가지 다른 의미로 사용되고 있다. 이 각각의 의미들은 일상적 용법과 익숙하다. 이들은 모두 무언가 실제적이고 완벽하게 이해할 수 있는, 자연스럽고 일차적이며 "문자적"인 의미들이다.

여기서 문법적인 문제를 좀 더 살펴볼 필요가 있다. 많은 영역 성서들에서 창세기의 날들은 "첫째 날, 둘째 날"(the first day, the second day)처럼 정관사를 동반하는 것으로 번역되었다. 그러나 히브리어에 정관사(ha)가 엄연히 존재함에도 창조 기사에서는 첫째 날부터 다섯째 날까지 모두 정관사를 사용하지 않는다. 4세기에 카이사레아의 주교였던 바실리오스(Basil)는 이 사실을 중요하게 여겼다. "이처럼 시간의 시작이 '첫째 날'이 아니라 '한 날'(one day)이라고 불렸다면, 이는 성서가 이날과 영원성(eternity) 간에 명확한 관계를 세우고자 했기 때문이다. 사실 다른 모든 날들과는 그 성격이 완전히 다른 그날을 '한'(one) 날이라고 부르는 것은 적절하고 자연스럽다."[20] 구약 학자 데이비드 구딩(David Gooding)이 내게 지적해준 다음과 같은 사실은 상당히 충격적이다. 처음의 5일에 대해서는 히브리어 정관사가 사용되지 않았지만, 여섯째 날과 일곱째 날에 대해서는 정관사가 사용되었다. 따라서 "1일, 2일…5일, 그 여섯째 날, 그 일곱째 날"로 하든지 아니면 "한 첫째 날, 한 둘째 날…그 여섯째 날, 그 일곱째 날"로 번역하는 것이 더 나을 것이라고 그는 지적한다.[21]

이것은 드러난 사실들이고, 문제는 이 사실들을 어떻게 해석할 것인가 하는 점이다.

# 창조 주간의 성격

위에서 언급한 창세기 1:1-2:3의 3부 구조에서 최초의 창조 행위(창 1:1-2)는 뒤따르는 창조의 6일과 구분된다. 예를 들어 영역 성서 중 ESV의 도해에서도 이러한 구조를 따르고 있는 것을 발견할 수 있다. 그 이유는 이 날들에 명확한 양식(pattern)이 있기 때문이다. 각각의 날들은 "그리고 하나님이 말씀하셨다"라는 구절로 시작하여 "저녁이 있었고, 아침이 있었으니, 이는 ~째 날이었다"라는 말로 끝난다. 따라서 이 텍스트에 의하면 첫째 날은 1절이 아니라 3절에서 시작한다. 이는 원래의 텍스트에서 창세기 1:1의 "창조하셨다"라는 동사가 완료형으로 사용되었으며, "특정 인용구(pericope)[22]의 처음에 완료형이 사용되는 일반적인 용법은 줄거리가 펼쳐지기 전에 발생했던 사건을 나타내는 것"[23]이라는 사실에 의해 명확해진다. 내러티브 시제(narrative tense; waw consecutive)의 사용은 3절에서 시작한다.

이는 창세기 1:1의 "태초"가 흔히 받아들여지는 것처럼 첫째 날에 발생한 사건이 아닐 수도 있음을 암시하지만, 창세기는 최초의 창조가 얼마나 오래전에 발생했는지 말해주지 않는다. 이는 지구(와 우주)의 나이를 추정하는 것과 날들의 의미를 해석하는 것이 별개의 문제임을 의미하는데, 이 점이 종종 간과되고 있다. 달리 말하자면 과학적 탐구는 별개로 하고, 태초를 첫째 날로부터 분리시키는 창세기 1:1의 텍스트는 우주의 나이를 결정할 수 없도록 만든다.

따라서 창세기의 날들을 (지구에서 한 주간을 구성하는) 24시간으로 이루어진 날들로 간주하는 것과, 우주가 아주 오래되었다고 믿는 것이 논리적으로 둘 다 가능하다. 다시 반복하지만 이것은 과학과는 무관한 문제이며, 그보다는 차라리 텍스트가 실제로 뭐라고 말하는지와 관련이 있다. 우리 앞에는 양 방향의 위험이 있는데, 텍스트가 말하는 것보다 덜하게 이해하는 위험이 있는가 하면, 텍스트가 실제보다 더 많이 말하게 하는 위험도 있다.

그렇다면 상황은 고정된 지구 논쟁과 유사해지기 시작한다. 이 논쟁에서 우리는 성서가 지구가 움직이지 않는다고 가르치는 것으로 이해될 수도 있지만 그것만이 논리적으로 가능한 유일한 해석이 아님을 살펴보았다. 여기서 우리는 성서가 지구가 젊다고 가르치는 것으로 이해될 수도 있지만 반드시 그렇게 해석될 필요는 없다는 것을 깨닫게 된다.

이제 날들 자체에 대해 살펴보자. (영어에서) 지구 상의 일반적인 한 주간의 날들을 열거할 경우 우리는 아마도 일관적으로 그 날들 각각에 대해 부정관사를 붙이거나 또는 관사를 모두 빼버릴 것이다. 우리는 창세기에서처럼 처음 5일에는 정관사를 사용하지 않고 나머지 2일에 대해서만 정관사를 붙이는 일은 하지 않을 것이다. 따라서 관사의 존재는 마지막 2일이 특별함을 나타낸다. 다시 말해 여섯째 날에는 인간이 하나님의 형상대로 만들어졌으며, 일곱째 날에는 하나님이 쉬셨고 그의 사역이 완성되었다.

이러한 문법상의 특이점으로 볼 때 이 텍스트는 처음에 생각했던 것보다 훨씬 더 복잡할 가능성이 있다. 대표적으로는 창세기 저자가 우리로 하여금 날들을 (24시간 견해에서처럼) 지구 상에서 한 주간의 7일로, 또는 (날-시대 견해에서처럼) 길이를 결정할 수 없는 일곱 개의 기간으로, 또는 (프레임워크 견해에서처럼) 창조를 이해하도록 도움을 주는 논리적 프레임워크로 받아들이도록 의도했다는 가설들이 종종 등장한다.

그러나 또 하나의 가능성이 있다. 다시 말해 저자는 처음 6일을 지구 상의 한 주간을 구성하는 날들로서가 아니라 여섯 개의 이어지는 창조의 날들로, 즉 하나님이 무언가 새로운 것을 만드는 행동을 하신 (텍스트가 말하는 바와 같이 저녁과 아침이 있는) 일반적인 길이의 날들이지만 날들 사이는 기다란 공백이 있는 것으로 생각하도록 의도했을 수도 있다.[24] 우리는 이미 창세기가 최초의 창조인 "태초"를 일련의 날들과 구분하고 있다는 것을 살펴보았다. 덧붙여서 이 책이 제안하는 바는 각각의 날들이 정해지지 않은 기간에 의해 서로 떨어져 있다는 것이다.

이 말을 처음 들으면 일부 독자들은 부정적으로 반응할 것이다. "하지만 이것은 너무 멀리 간 것이 아닌가? 이는 확실히 텍스트에 대한 자연스럽고 평이하고 직접적인 독법에 어긋나지 않는가? 어쨌거나 고대의 어떤 독자도 그렇게 생각하지 않았으리라는 것이 확실하지 않은가?"

나는 그처럼 반대하는 것에 대해 잘 이해할 수 있다. 왜냐하면 나도 그런 생각이 들었기 때문이다. 그러나 나는 당신이 친절하게도 여기까지 읽어주었으니 조금 더 호의를 베풀어 내 말을 계속 들어주고 이 논의가 끝날 때까지 판단을 보류해달라고 부탁한다.

우리는 여섯 날이 연속되는 창조 활동을 포함하고 있으며 각각의 날이 "그리고 하나님이 말했다"라는 구절에 의해 소개되는 최소한 하나의 창조 명령(creative fiat)[25]과 관련이 있다는 견해를 다루고 있다. 이는 신약성서가 모든 것들이 하나님의 말씀으로 만들어졌다고 말할 때 무엇을 의미하는지 이해하는 데 도움이 된다. 창조의 각 단계마다

58

최초의
7일

하나님은 창조를 다음 단계의 형태와 복잡성으로 진보시키기 위해 우주에 새로운 차원의 정보와 에너지를 주입하셨다.[26] 따라서 이 견해에서 창조의 6일은 하나님이 자신의 사역을 완성하시기 위해 취하셨던 전체 기간에 걸쳐 간격을 두고 배열된 일반적인 길이의 날들일 수 있다. 각각의 창조 명령이 가진 잠재성이 완성되는 데는 특정한 창조의 날 이후 정해지지 않은 기간이 소요되었을 것이다. 이러한 견해가 수반하는 결과 중 하나는 우리로 하여금 지질학자들이 우리가 발견해야 된다고 말하는 것, 다시 말해 갑자기 새로운 수준의 복잡성이 나타났다가(하나님이 무언가 완전히 새로운 것이 시작되라고 명령하신다는 의미에서) 창조가 더 이상 일어나지 않는 기간이 이어진다는 것을 보여주는 화석 증거를 발견하기를 기대하게 만든다는 점이다.[27]

독자들은 이 견해가 세 개의 주요한 해석들 각각의 요소들을 포함하면서도 이들 각각의 견해와 다른 점이 있음을 알아차릴 것이다. 이 견해는 하루를 24시간으로 간주하는 견해에서와 마찬가지로 창조의 6일이 일반적인 날들이라는 데는 어려움을 느끼지 않지만, 창조의 6일이 지구 상의 한 주간을 이룬다는 데는 동의하지 않는다. 이 견해는 일곱째 날을 오랜 기간으로 본다는 점에서는 일반적인 날-시대 견해나 프레임워크 견해와 동일하지만, 처음 6일에 관해서는 각각의 창조일이 완성에 이르는 기간을 **시작**하기는 하지만 그 기간 전체와 동일하지는 않다고 본다는 점에서 그 견해들과 다르다. 이 견해는 프레임워크 견해에서와 같이 첫 번째 3일과 두 번째 3일 사이에 기본적인 병렬 관계가 존재한다는 점을 받아들이지만, 이러한 병렬 관계가 날들의 연속에 의해 암시된 연대기적 순서를 허용하지 않는 것으로 보지는 않는다는 점에서—특히 첫째 날과 넷째 날에 관해—프레임워크 견해와 차이를 보인다(넷째 날에 대한 논의는 아래를 보라).

일반적인 문헌들과 특히 성서에서 삽입문구가 보편적으로 사용된다는 사실에 근거하여 이 주제에 관해 흥미로운 이설이 앨런 헤이워드(Alan Hayward)에 의해 제기되었다.[28] 삽입문구는 그 안에 언급된 내용이 없더라도 문장 전체의 의미를 이해하는 데는 전혀 문제가 없는 별개의 이차적인 내용을 담고 있다. 신약성서에서 예를 들어보자. "이즈음에 베드로가 형제들 가운데에서 일어나서 (모인 사람들은 모두 120명가량 되었다) 말했다"(행 1:15).[29] 우리는 대개 삽입문구를 괄호나 하이픈, 또는 인용부호를 사용해 나타내는데, 그중 어떤 것도 성서 시대에는 존재하지 않았다. 창 2:5-7과 같은 구절들에서 이런 부호들이 발견되는 것은 번역자의 작업에 의한 것이다.

헤이워드는 창세기의 처음 6일에 관한 각각의 묘사에 삽입문구가 관련된다고 주장한다. 삽입문구를 괄호로 확실하게 표기한다면, 첫째 날에 관한 묘사를 다음과 같이 수정할 수 있을 것이다. "그리고 하나님이 '빛이 있으라'고 말씀하셨다. (그리고 빛이 생겨났다. 그리고 하나님이 보시기에 빛이 좋았다. 그리고 하나님은 빛을 어둠으로부터 분리하셨다. 하나님이 빛을 낮이라 부르시고, 어두움을 밤이라 부르셨다.) 그리고 저녁과 아침이 있었는데, 이것이 첫째 날이었다"(창 1:3-5). 이 접근법에 의하면 창세기 1:3-5은 "기본적으로 하나님이 (아마도 문자적이고 연속적인) 6일 동안 발하신 위대한 창조 명령들에 대한 설명이다. 이 명령들에 뒤따르는 이행을 묘사하는 일련의 삽입문구가 이 일차적인 내러티브 안에 삽입되었다. 물론 이 명령들이 완수되는 데는 많든 적든 시간이 소요되었을 것이다. 하나님의 명령은 신속하게 발해지지만, 하나님의 맷돌은 천천히 돌아간다."[30]

헤이워드는 계속해서 이러한 해석이야말로 왜 창조의 날들이 (프레임워크 견해에서와 같이) 격식을 갖춰 배열된 것처럼 보이는지를 이해하는 데 도움을 준다고 주장한다. 또한 이러한 해석은 창세기에 기록된 사건들의 순서가 왜 지질학적 기록으로부터 추론한 순서와 유사하면서도 동일하지는 않은지를 설명하는 데도 도움을 준다. 이들 간에 개략적인 유사성이 존재하는 이유는 창조 과정들이 매일의 명령들과 동일한 순서로 시작되었기 때문일 것이다. 불일치가 존재하는 이유는 다양한 창조의 과정마다 완성되기까지 소요되는 시간이 달라서 실제 창조에서는 서로 중복되는 시간이 상당히 존재했기 때문일 것이다."[31]

아마도 이 지점에서 다음과 같이 주장하고 싶은 사람도 있을 것이다. "하지만 대답은 이보다 훨씬 간단하다. 당신은 율법이 다음과 같이 말하는 것을 인용했을 때 이미 이에 대해 언급했다. '너희는 6일 동안 노동하고 모든 일들을 하라. 그러나 일곱째 날은 주 너희 하나님의 안식일이다.…이는 주님이 6일 동안 하늘과 땅과 바다와 그 가운데 있는 모든 것들을 만드시고, 일곱째 날에 쉬셨기 때문이다. 그러므로 주님이 안식일을 복주시고 이를 거룩하게 하셨다'(출 20:9-11). 따라서 그 날들은 지구 상의 한 주간을 이루는 날들임이 확실하다."

그러나 내가 율법서에 나오는 이 진술을 언급했을 때, 나는 하나님의 창조 주간과 우리의 노동 주간 사이에는 유사성도 있지만 명백한 차이점도 있음을 지적했다. 하나님의 주간은 한 번밖에 없었던 반면 우리의 주간은 반복된다. 하나님의 창조 활동은 우리의 활동과 전혀 다르다. 하나님은 우리처럼 쉬실 필요가 없다. 이외에도 많은 차이가 있다. 그러니 창세기의 주간과 우리의 노동 주간을 동일한 맥락에서 다루는 것은 불가능하다. 하나님의 주간은 우리의 주간에 대한 하나의 유형(pattern)이지만 우리의 주간과 동일하지는 않다. 따라서 출애굽기 20:8-11은 창세기 1장의 날들이 한 주간의 날들이어야 한다고 요구하지 않는다. 물론 그런 식으로 해석될 수도 있지만 말이다.

이에 비추어 C. 존 콜린스(C. John Collins)는 "그 단어[날]를 일반적인 의미로 받아들이면서도 그 의미를 비유적으로 적용하는" 견해인 "비유적 날들 견해"에서 날들을 대하는 또 다른 방식을 제안했다. 그는 이렇게 덧붙인다. "우리는 '주의 눈'과 같은 다른 비유적인 말들에 대해서도 이렇게 하고 있다. 사전에서 '눈'이라는 항목에 다른 새로운 의미를 추가할 필요는 없다. 우리는 일반적인 의미를 사용하되 비유를 통해 이를 하나님께 적용한다."[32]

물론 이 장에서 언급한 몇 가지 견해들 간의 차이를 지나치게 강조하는 것은 잘못인 것 같다. 날들이 비유적인 날들이라고 믿든지, 또는 각각의 날들이 하나님의 말씀에 의해 시작된 긴 기간이라고 믿든지, 아니면 각각의 날들이 일반적인 날들인데 하나님이 그날에 말씀하신 내용에 포함된 정보가 그 후 오랜 기간에 걸쳐 효력을 발생하게 되었다고 믿든지 성서의 핵심 교리들은 전혀 영향을 받지 않는다.[33]

## 해결하기 어려운 네 번째 날

앞에서 우리는 오리게네스가 오래전에 지적했던 문제를 살펴보았는데,

오늘날에도 많은 사람들이 이 지적에 동의한다. 날들이 연대기적 순서로 주어진 것이라면 태양이 어떻게 넷째 날에 **만들어질** 수 있겠는가? "그리고 하나님이 '하늘의 창공(expanse)에 빛들이 생겨서 낮과 밤을 나누게 하라.…그리고 그것들이 하늘의 창공에 빛들이 되어서 땅에 빛을 비추게 하라'고 말씀하시니 그대로 되었다"(창 1:14-15).

오리게네스는 다음과 같이 합리적인 질문을 제기한 것이다. 만일 태양이 넷째 날에 존재하게 되었다면, "아직 태양이 없는데 처음 3일 동안 '저녁과 아침'이 있었다는 것을 어떻게 이해할 수 있는가?" 태양과 태양을 마주한 지구의 자전이 없다면 "날"이라는 단어는 아무런 의미를 갖지 못한다. 이 어려움을 극복하기 위해 어떤 이들은 태양이 아닌 또 다른 빛의 원천이 있어서 처음 3일 동안 기능을 발휘했다고 가정했다. 그러나 우리는 성서나 과학 어디에서도 그런 빛의 원천이 존재한다는 말을 들어보지 못했다. 게다가 그런 원천을 가정한다 해도 처음 세 "날들"은 여전히 정의되지 않는다.

이에 대한 논리적 대안은 태양이 창세기 주간의 시작점에 이미 존재했다는 것이다. 그렇다면 넷째 날에 대한 설명은 이러한 사실에 비추어 읽혀야 할 것이다. 한 가지 제안은 태양, 달, 그리고 별들을 가리고 있던 구름 마개가 흩어지면서 이들이 식별 가능한 빛들로 하늘에 나타났다는 것이다.[34]

그러나 콜린스는 언어학적 관점에서 세 번째 가능성을 제안했다. "창세기 1:16의 '만들었다'(made)라는 동사는 반드시 '창조하다' (create)를 의미하는 것은 아니다. 그 단어가 창조 행위를 가리킬 수도 있지만, 그 단어는 '이미 존재하고 있는 대상을 손보는 것'(ESV의 난외주에서 그렇게 설명하고 있다), 또는 심지어 '지정했다'(appointed)를 의미할 수도 있다."[35] 사실 이러한 해석은 태양과 달이 하늘에서 가시적인 빛으로 기능한다고 설명하는 바로 다음 절의 해석과 잘 들어맞는다. 요컨대 이 구절은 하나님이 태양과 달의 창조나 출현에 대해 말하는 것이 아니라 하나님이 우주에서 이들이 맡을 역할을 지정하시는 것에 대해 말하고 있다는 것이다.[36]

프레임워크 견해는 넷째 날이 첫째 날과 동일한 기반을 다른 시각에서 포섭한다고 제안함으로써 오리게네스의 해석학적 문제를 다룬다. 첫째 날에는 이렇게 말해졌다. "그리고 하나님이 빛을 어둠으로부터 분리하셨다. 하나님이 빛을 낮이라 부르시고 어둠을 밤이라 부르셨다"(1:4-5). 넷째 날에는 하나님이 이렇게 말씀하신다. "하늘의 창공에 빛들이 있어서 낮을 밤으로부터 분리하라.⋯그리고 하나님이 두 개의 커다란 빛들을 만드셨다"(1:14-16). 결과적으로 프레임워크 견해에서는 넷째 날이 첫째 날을 연대기적으로 뒤따르는 것이 아니라, 하나님이 태양과 달을 통해 낮과 밤을 어떻게 분리하셨는지에 관한 세부 사항을 재언급한다고 보는 것이다. 이 견해가 가진 한 가지 명백한 문제는 그것이 사실상 날들을 아주 부자연스러운 방식으로 6일에서 3일로 줄여버림으로써 출애굽기 20:9-11에서 주어진 인간의 노동 주간과의 평형을 깨뜨린다는 것이다.

어쨌거나 일부 초기 교부들이 이 텍스트를 해석히는 데 어려움을 느꼈다는 사실은 우리에게 다소의 위안을 주고, 우리를 더 겸손하게 만들며, 이 어려움들이 현대 과학으로 말미암아 발생한 것이 아니라 텍스트 자체를 이해하려는 진지한 시도로부터 발생한다는 것을 보여 준다.

## 보편적인 반론

마지막으로 이 장에서 내가 주장해온 바에 대한 보편적인 반론, 요컨대 고대 세계에서는 어느 누구도 이처럼 정교한 해석에 도달하지 못했기 때문에 이러한 견해가 성서를 과학에 종속시키기 위해 고안된 것이라고 주장하는 반론에 대해 다루고자 한다.

이러한 반론은 합리적인 것이며 나는 그것을 진지하게 받아들인다. 적어도 나의 두 번째 요점은 확실히 정당화될 수 있다고 본다. 나는 지금까지 과학적 탐구와는 별개로 창세기 텍스트 자체가 실제로 말하는 것을 살펴보고, 그에 비추어 가능한 해석들을 고려해보고자 노력해왔다.

이것이 과학에 꿰맞추기 위해 고안된 것처럼 보일 수도 있겠지만, 나는 그런 질문이 처음 제기된 것은 아니라는 점을 지적하고자 한다. 사실 나는 그 점을 보여주기 위해 1장을 썼다. 거기서 우리는 5백 년 전에 지구의 나이나 창세기의 날들과 관련해서가 아니라 지구의 움직임에 관해 동일한 종류의 논쟁이 발생했음을 살펴보았다.

1장에서 우리는 지구의 기초와 기둥들을 지구의 안정성을 의미하는 것으로 이해하는 것이 타협적인 자세가 아니며, 비록 이 해석이 (새로운) 과학 지식에 의존하고 있음에도 이는 성서의 권위를 훼손하지 않는 완벽하게 합리적인 텍스트 이해라는 점을 발견했다.

우리는 이러한 접근법이 그러한 사안에 대해 매우 통상적인 것임을 알 필요가 있다. 우리는 매일 이러한 표현을 사용한다. 예를 들어 우리는 앞에서 "자동차가 도로 위를 날아가고 있었다"라는 서술문이나 "나는 문이다"라는 예수의 선언에 대한 해석을 다루었다. 이 말들이 문자적으로가 아니라 비유적으로 해석되어야 함을 보여주는 것은 무엇인가? 그것은 바로 세상에 대한 우리의 경험이다. 사실 우리는 너무나 습관적으로 이런 비유를 사용하기 때문에 대개 그러한 사실 자체를 인식하지 못하고 있다. 여기서 아주 간단하게나마 "우리의 해석이 실제 세계에서 이치에 맞는가?"를 살펴보는 현실성 점검이 요청된다. 그리하여 만일 우리가 비공식적으로 과학을 우리 주위의 세계에 대한 경험으로부터 얻어진 조직화된 지식으로 여긴다면, 우리는 위의 예들에서 어떤 의미를 택할지 결정하는 데 과학이 도움이 된다는 것을 알 수 있다.

이것은 수백 년 동안 대부분의 사람들이 그렇게 생각해왔기 때문에 우리도 창세기의 날들을 지구 상의 한 주간을 구성하는 24시간으로 이루어진 날들이라고 해석해야 한다는 반론에 답하는 데 도움이 된다. 만일 그러한 추론을 지구의 기초 및 기둥들의 해석에 적용한다면 우리는 아직도 지구가 움직이지 않는다고 주장해야 할 것이다. 그러나 나는 젊은 지구 창조론자 중에서 그렇게 생각하는 사람을 만나본 적이 없다. 여기서 우리는 단순히 얼마나 많은 사람들이 얼마나 오랜 기간 동안 이 해석을 지지했는지에 근거하여 답을 선택하는 것이 적절하지 않다는 점을 배우게 된다.[37]

우리는 그들이 그 시대에 왜 그렇게 해석했는지 질문해야 하며, 그러한 해석을 변경할 강력한 이유가 있는지 질문해야 한다. 움직이는 지구 논쟁과 관련해서는 해석을 바꿀 이유가 있었는데, 오늘날 이 문제는 확실히 정리되었다. 여기서 얻을 수 있는 교훈은 지구의 나이에 대해서도 같은 종류의 사고를 적용할 필요가 있다는 점이다.

선도적인 젊은 지구 창조론자가 움직이는 지구 논쟁과 관련하여 논평했던 다음과 같은 말은 주목할 가치가 있다.

그러한 입장이 수학적으로 그리고 경험적으로 "가망이 없게" 될 경우에만 교회는 이를 포기해왔다. 교회는 사실 이렇게 해왔다. 따라서 젊은 지구 창조론은 독단적이거나 정태적인 성서 해석을 포용할 필요가 없다. 교회는 기꺼이 입장을 바꾸고 실수를 인정해야 한다. 오늘날 우리는 젊은 지구 창조론자로서 매우 자연스러운 성서 해석을 방어하는 대가로 "오래된" 우주라는 매우 설득력 있는 과학적 해석을 포기해버렸음을 인정해야 한다. 그러나 이것은 장기적으로 지지될 수 있는 입장이 아니다. 내가 보기에 오래된 지구 창조론은 보다 덜 자연스러운 텍스트 독법과 훨씬 더 그럴듯한 과학적 견해를 결합한 것이다.…현재로서는 이것이 채택하기에 보다 더 합리적인 입장인 것으로 보인다.[38]

지금까지 내가 펼친 주장의 주요 논지는, 성서의 권위와 최고의 지위를 타협하지 않고, 그와 동시에 성서 자체가 우리에게 제안한 것처럼(롬 1:19-20) 우주에 대한 현대의 첨단 지식을 고려하면서도 창세기 1장을 이해할 수 있는 방법이 있다는 것이다.

그러나 독자들 중에는 내가 오래된 지구 창조론을 수용함으로써 초래되는 신학적 문제들을 언급하지 않았다고 이의를 제기하는 사람들이 있을 것이다. 이 문제들은 창세기 1장이 아니라 그 이후의 장들에서 발생한다. 그들의 지적은 옳다. 특히 나는 세상에 죽음이 들어온 문제를 어떻게 다루어야 할지에 대해 아직 밝히지 않았다. 이제 우리는 창세기가 인간의 기원에 대해 언급하는 맥락 속에서 이 중요한 이슈를 살펴볼 것이다.

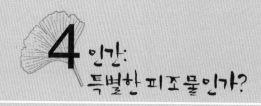

# 4 인간:
## 특별한 피조물인가?

오늘날에는 아마도 우주의 기원보다는 인간의 기원이 더 논쟁거리가 될 것이다. 따라서 인간의 기원에 대해 뭔가 말하지 않는다면 창조 주간에 대한 논의가 완전해지지 않을 것이다. 결국 인간 창조는 하나님의 창조 활동의 정점이며, 우리 자신 및 동료 인간들에 대한 우리의 이해에 대해 심원한 의미를 갖는다. 창세기는 인간이 특별하다고 말한다. "하나님이 자신의 형상대로 인간을 창조하셨다. 하나님이 하나님의 형상대로 인간을 창조하셨다. 하나님이 남자와 여자를 창조하셨다"(창 1:27).

예수 자신이 인류의 창조에 대해 자신의 신적 권위라는 인장을 부여하셨다. 결혼과 이혼에 관한 바리새인들과의 대화에서 그는 이렇게 말씀하셨다. "창세부터 인간을 남자와 여자로 창조하신 이가 '그러므로 남자가 자기 부모를 떠나 자기 아내와 연합하여 둘이 한 몸이 될 것이다'라고 말씀하신 것을 너희가 읽어보지 못하였느냐? 그러니 이제 그들은 둘이 아니라 한 몸이다. 그러므로 하나님이 결합시키신 것을 사람이 나누지 말아야 한다"(마 19:4-6; 막 10:6-9). 예수는 이 말씀이 창조주 자신의 말씀이라는 사실에 주의를 환기시키신다. "그들을 창조하신 이가…말씀하셨다."

이는 점점 더 결혼의 가치를 폄하하는 잘못을 저지르고 있는 세상에서 혼인으로 이루어진 유대관계의 가치와 신성함을 상기시켜주는 참으로 중요한 말씀이다. 우리 사회의 기본 구조가 해체되는 것을 피하기 위해서는 남녀 모두 창세기의 이 음성에 주의를 기울일 필요가 있다. 적어도 서양에서는 지난 수백 년간 성서의 이러한 가르침이 도덕적 가치와 법률 체계 및 인권의 토대였다. 그러나 이 가르침은 과학자들에 의해서뿐만 아니라 과학자의 주장에 기초하여 자신의 견해를 세우는 선도적인 윤리학자들에 의해서도 점점 더 많은 공격을 받고 있다. 예를 들어 가장 영향력 있는 현대 윤리학자 중 한 사람인 프린스턴 대학교의 피터 싱어(Peter Singer)는 이렇게 썼다.

미래가 어떻게 펼쳐지든 삶의 거룩함이라는 견해를 완전히 회복하기는 불가능할 것 같다. 이 견해의 철학적 토대는 완전히 무너졌다. 우리는 이제 더 이상 인간이 하나님의 형상대로 지음 받은 특별한 형태의 피조물로서 다른 모든 동물들로부터 구별되며, 인간만이 불멸의 영혼을 가지고 있다는 견해를 윤리의 기초로 삼을 수 없다. 우리가 자신의 본성에 대해 더 잘 이해하게 됨에 따라, 한때는 우리 자신과 다른 생물학적 종들 간에 놓여 있다고 생각되었던 틈이 메워졌다. 그러니 무슨 근거로 한 존재가 호모 사피엔스 종의 일원이라는 사실만으로 그의 삶이 독특하고 거의 무한한 가치를 갖는다고 믿을 수 있다는 것인가?[1]

비슷한 맥락에서 런던 대학교 정치경제학부의 유럽 사상사(思想史) 명예 교수인 존 그레이(John Gray)는 과거 200년 동안 철학은 "기독교의 기본적인 오류, 즉 인간이 다른 동물들과 근본적으로 다르다는 신념을 포기하지 않았다"[2]라고 말했다.

물론 이러한 주장의 과학적 토대는 진화론이다. 따라서 윤리적 논쟁은 생물학적 관점에서 살펴본 진화론의 타당성 및 범위만이 아니라 이에 근거한 철학적 추론에도 의존한다.[3] 나는 여기서 성서의 견해를 피력한 후에 위의 주장에 대해 성서의 견해가 갖는 의미를 밝히고자 한다.

모든 피조물 중에서 오직 인간만이 하나님의 형상대로 만들어졌다. 성서는 "하늘이 하나님의 영광을 선포하며"(시 19:1)라고 말하는데, 이러한 사실을 납득시키는 데는 대기 오염이 없는 외딴 시골의 밤하늘을 수놓고 있는 별들 만한 것이 없다(특히 망원경이나 쌍안경을 가지고 있을 때에는 말이다). 그런데 성서에는 하늘이 하나님의 형상을 지니고 있다는 말이 없다. 오직 인간만이 하나님의 형상을 지니고 있다.

창세기는 화학이 우리에게 말해주는 것, 즉 모든 생명에는 공통 요소들로 이루어진 물질적 기질(material substrate)이 있다는 점을 부인하지 않는다. 창세기 1:11에서 식물과 동물들에 대해 이 사실이 암시되어 있다. "땅으로 하여금 식물들을 싹트게 하라." 그리고 1:24은 이렇게 기록한다. "땅으로 하여금 생물들을 내게 하라." 창세기 2:7에서는 인간에 대해 이 사실이 명시적으로 말해진다. "주 하나님이 땅의 흙으로 사람을 빚으시고 그의 콧구멍에 생명의 숨을 불어 넣으시자, 그 사람이 살아 있는 생물이 되었다." 그러므로 창세기는 (인간의) 생명에 화학적 기질이 있다는 점은 긍정하지만, 물질주의자의 환원주의적인 첨언은 부인한다.

더구나 하나님이 땅의 흙으로 사람을 만드셨다고 말하는 것을 볼 때, 창세기는 인간이 자연적인 과정이나 하나님의 특별한 활동에 의해 이미 존재하고 있던 영장류(hominid) 또는 신석기 시대의 농부들로부터 나왔다고 말하기보다는 직접적이고 특별한 창조 활동을 시사하는 것 같다.[4)]

신약은 이처럼 인간이 특별하게 창조되었다는 이해를 지지한다. 첫째, 누가복음에 제시된 예수의 족보[5)]는 "하나님의 아들 아담"에게로 거슬러 올라간다(눅 3:38). 둘째, 예수는 결혼에 관한 유명한 담화에서 "그러나 창조의 시작부터 하나님이 인간을 남자와 여자로 만드셨다"라고 말한다(막 10:6). 셋째, 바울은 사람이 땅의 흙으로부터 만들어졌다는 점을 명확하게 언급한다. "첫 번째 사람은 땅에서 나온, 흙으로 이루어진 사람이었다. 두 번째 사람은 하늘에서 왔다"(고전 15:47). 우리는 이미 창세기에서 셋째 날에 하나님이 두 번 말씀하심으로써 무생물과 생물 사이에 존재하는 커다란 차이점이 강조되고 있음을 언급했다. 이러한 특성은 여섯째 날의 특징이기도 한데, 그날에 하나님은 여러 번 말씀하신다. 먼저 "땅으로 하여금 생물들을 내세 하라"고 말씀하셨고, 두 번째는 "우리가 사람을 만들자"라고 하셨다.

창세기에 의하면 이처럼 명백하게 의도적인 반복은 무생물과 생물 간의 틈새나 동물과 인간 간의 틈새를 "인도되지 않은 자연적 과정"을 통해 뛰어넘을 수는 없다는 것을 보여주는 명백한 지표다. 두 경우 모두 하나님이 창조 명령(creative Word)을 발하셨다. 하나님의 말씀 없이는 양자 간의 불연속성을 깨뜨릴 수 없다. 인간 안에 있는 하나님의 형상은 인도되지 않은 수많은 순열들을 시도하다가 우연히 나타난 결과물이 아니다. 따라서 창세기는 인간의 생명이 하나님의 마음의 활동 없이 출현했으며 따라서 인간에게 특별할 것이 없다는 무신론의 근본 주장에 도전한다. 나는 창세기 저자가 현대의 논쟁을 예견한 것이 아닌가 하는 느낌을 받는다.

동물과 인간의 차이는 하나님이 인간에게 동물들을 "다스리는" 청지기 직분을 부여하셨다는 사실에 의해 추가적으로 강조된다. 마지막으로, 이 차이는 창세기 2:18-24의 핵심이기도 한데, 여기서 내러티브가 구성된 방식은 동물들의 이름을 짓는 행위가 아담의 조력자를 찾는 맥락에서 해석되어야 함을 보여준다. 여기서의 교훈은 당시 존재하고 있던 많은 동물 종들(따라서 인간이 아닌 영장류도 포함된다는 점을 주목해야 한다) 중에서는 아담에게 적합한 (또는 상응하는) 조력자를 발견할 수 없었다는 것이다. 성서에 따르면 아담이 배운 첫 번째 교훈은 흥미롭게도 자신이 다른 모든 피조물들과는 근본적으로 다르다는 것이었다.

더구나 남자로부터 여자를 만들었다는 창세기 기사의 요지는[6] 당시에 수백만 명의 인간들이 있었을 뿐만 아니라 하와가 그들 중 한 명이었다는 생물학자 데니스 알렉산더(Denis Alexander)의 제안을 크게 지지하지 않는다.[7] 알렉산더는 아담과 하와의 역사성을 부인하지 않는다(많은 사람들이 그들의 역사성을 부인함에도 말이다). 그러나 나는 역사의 성격에 대한 그의 관점을 성서의 설명과 조화시킬 수 없다. 그가 선호하는 사건 모델(모델 C라 불린다)은 아담과 하와가 진화 과정에 의해 만들어진 수백만 명의 신석기 시대 농부들 가운데 한 쌍이었다는 것이다. 하나님은 "자신을 신뢰하고 믿음으로 그것을 표현하는 모든 사람들로 구성된 새로운 지상의 영적 가족을 출범하시기 위해" 이 두 사람을 선택하셨다.[8] 창세기의 창조 기사에 대한 이러한 이해에는 물리적인 차원이 없다. "내가 오늘 케임브리지 거리에 나가서 호모 사피엔스 종에 속하는 사람들을 바라보기만 하는 것으로는 그중에 누가 영적으로 살아 있는 사람인지 알 수 없는 것과 마찬가지로, 모델 C에서는 아담과 하와를 그들의 동시대인들과 구분할 물리적인 방법이 없었다. 그것은 영적인 생활에 관한 모델이며, 유전학에 관한 것이 아니라 명령과 책임을 다루는 것이다."[9]

우리는 성서의 다른 부분들에서뿐만 아니라 창세기에서도 하나님이 특별한 방법을 동원하여 인간에게 자신을 영적으로 계시하기로 하셨다는 기록을 여러 번 보게 된다. 예를 들어 노아, 아브라함, 이삭, 그리고 야곱에게 말이다. 그러나 창세기에서 하나님이 인간에게 자신을 계시하셨다고 말할 때에는 특유의 언어를 사용한다. 예를 들어 "주께서 아브라함에게 나타나셨다"는 표현에서처럼 말이다.[10] 창조 기사에서는 그런 언어를 사용하지 않는다. 왜냐하면 창세기 1장과 2장은 하나님이 이미 존재하고 있던 인간에게 자신을 계시하시는 것에 관해 말하는 것이 아니라, 시초에 이들 인간이 어떻게 존재하게 되었는지 설명하기 때문이다. 이 텍스트는 존재하고 있던 인간을 하나님과의 교제 안으로 부르는 것을 묘사하는 것이 아니라, 하나님이 인간과 교제하기 위해 어떻게 땅의 흙을 가지고 인간을 물리적으로 창조했는지에 대해 말하고 있다. 더구나 창세기 내러티브는 아담과 하와가 애당초 하나님과의 교제 안으로 부름 받을 필요가 없었음을 분명히 한다. 그들은 시작부터 하나님과 교제하고 있었다. 교제를 깨뜨린 것은 그들의 죄였다.

알렉산더는 계속해서 이렇게 말한다. "창세기 1장의 텍스트는 확실히 신석기 시대 및 그 이후에 세상에 살고 있던 수백만 명의 다른 사람들을 포함하여, 모든 인류가 예외 없이 하나님의 형상대로 만들어졌음을 분명히 한다."[11] 그러나 아담과 하와 이전에, 그리고 그들과 동시대에 살았던 모든 인간이 하나님의 형상을 지니고 있었다면, 창세기 1장에 기록된 "하나님의 형상대로" 인간을 창조한 기사는 창세기 2장의 아담과 하와 이야기와는 판이하며, 그보다 훨씬 전에 일어났어야 한다.

그렇다면 모든 인류에게 하나님의 형상을 부여한 사건은 무엇이었는가? 그리고 알렉산더가 창세기 2장이 "인간(*adam*)의 창조를 창조의 시작"에 위치시킨다[12]고 말한 것은 무슨 의미인가? "**땅을 경작할 사람이 없었다**"(창 2:5. 강조는 저자가 덧붙임)는 성서 구절과 당시에 수백만 명의 신석기 농부들이 있었다는 그의 제안을 나란히 두면, 그의 해석을 따라가는 것은 더욱더 어렵게 된다.

알렉산더는 또한 이렇게 말한다. "사람들이 하나님이나 세상의 다른 장소에 존재하는 신들을 추구했기 때문에, 이 시대 전에도 종교적 신념이 존재했다."[13] 나는 알렉산더가 이 사람들을 도덕적인 존재로 간주했다고 생각한다(그렇지 않다면 그들은 완전한 인간이 아닐 것이다). 그렇다면 하나님이 자신을 특정 부부에게 계시하기로 선택하시기 이전에도 세상의 인간에게 죄나 죽음이 없었다고 상상하기는 어렵다. 그렇다면 "한 사람을 통해 죄가 세상에 들어왔고, 그래서 죽음이 모든 사람에게 퍼졌다"(롬 5:12)는 성서의 가르침을 이해하기 어렵게 된다. 예를 들어 어떻게 선택된 농부인 아담의 죄가 그보다 앞서 살았던 인간들의 죽음을 야기할 수 있는가? 확실히 아담이 자신보다 먼저 만들어진 모든 피조물들과는 물리적으로 구분되는 인류의 첫 번째 구성원이었다는 사실이 구원 신학에서 매우 중요하지 않은가?

더구나 알렉산더는 인류의 진화가 멈췄다고 주장하는데,[14] 이는 진화론에 관한 기묘한 아이러니 중 하나다. 애초에 진화는 시작되지도 않았으며 인간은 하나님이 직접 창조하신 피조물이라고 해야 하지 않겠는가?[15]

그리스도인들에게는 이 질문과 관련하여 인간의 독특성이라는 또 다른 고려사항이 있다. 기독교의 중심 주장은 "말씀이 육체가 되어 우리 가운데 거하셨다"(요 1:14)는 것이다. 하나님 자신이 인간성을 취하셨다. 하나님이 인간이 되셨다. 이것이 역사의 중심이 되는 초자연적 사건, 즉 헤아릴 수 없이 중요한 하나님의 직접적인 행동임에는 의문의 여지가 없다.

성육신이라는 기적에 비추어볼 때 나는 인류 자체가 초자연적 개입으로 시작되었다고—사실은 그렇게 시작되었어야만 했다고—믿는 데 아무런 어려움을 느끼지 않는다. 과학도 그런 가능성을 배제하지 않는다.[16] 하지만 과학이 인간에 대해 말할 수 있는 것은 과학이 우주에 관해 우리에게 말해줄 수 있는 것과 다르지 않은데, 그것은 우주와 인간에게는 시작이 있다는 것이다. 성육신이 우리에게 말해주는 것은 인간이 독특하다는 것이다. 인간은 하나님 자신이 그들 중 하나가 되실 수 있는 존재로 창조되었다.

# 인간의 고대성

앞에서 지구의 나이에 관한 어셔 대주교의 계산을 언급했다. 그는 창조의 날들을 지구 상의 한 주간을 구성하는 날들로 여겼다. 그는 이 주간의 시작을 지구의 창조로 보는 한편 이 주간의 끝을 인류의 출발점으로 간주하고서, 창세기에 주어진 족보를 사용하여 지구의 나이에 대한 그의 계산을 완성했다. 따라서 그의 계산은 인류의 연대에 관한 그의 추정과 밀접하게 연결되어 있다. 창세기에 대한 지금까지의 논의는 날들의 성격에 관한 것이었지 인류의 고대성 문제에 관한 것은 아니었다.

족보를 사용하여 이루어진 계산에 대해 키친(Kitchen)은 이렇게 지적한다. "히브리인들과 관련된 전통에서 그러한 '공식적인' 부자 관계의 배열은 실제적인 것일 수도 있고, 아니면 보다 긴 일련의 세대를 압축한 것일 수도 있다."[17] 그는 아들의 명단에 손자들과 증손자들이 포함된 창세기 족보의 예를 들어서, 마태복음 1:8에 주어진 족보에서 "여호람은 웃시야를 낳았다"라는 표현은 "여호람은 아하시야를 낳고, 아하시야는 요아스를 낳고, 요아스는 아마샤를 낳고, 아마샤는 웃시야를 낳았다"라는 실제적인 족보를 축약한 형태임을 지적한다. 따라서 그는 창세기 1-11장에서 "경우에 따라서는 내러티브가 직접적인 부자 관계를 시사하기도 한다.…그러나 대부분의 경우 'A가 B를 낳고, B를 낳은 후 x년을 살았다'는 공식은 원칙적으로 'A가 B(에서 절정을 이루는 계보의 선조)를 낳고, B(에서 절정을 이루는 계보의 선조)를 낳은 후 x년을 살았다'로 해석될 수 있다"[18]라고 지적한다.

따라서 성서의 내적 증거를 통해 인류의 출현 연대를 결정할 수는 없다. 한 가지 주의해야 할 점은 우주의 나이, 지구의 나이, 생명체의 나이, 그리고 인류의 나이를 서로 혼동해서는 안 된다는 것이다. 확실히 지구는 우주보다 젊고, 생명체는 지구보다 젊으며, 인류는 생명체보다 젊다.

## 신학적 반론: 아담의 죄 이전의 죽음?

인류가 창조되기 훨씬 전에 지구가 존재했을 수도 있다는 생각은 신학적으로 "죄가 세상에 들어오기 전에 죽음이 존재했는가"라는 문제를 야기한다. "그러므로 죄가 한 사람을 통해 세상에 들어온 것과 같이 죄를 통해 죽음이 들어왔고, 모든 사람이 죄를 지었으므로 죽음이 모든 사람에게 퍼졌다"(롬 5:12)라는 바울의 말이 문제를 불러일으켰다. 논점은 죽음이 인간의 죄로 말미암은 것이기 때문에 사람이 죄를 짓기 전에는 죽음이 발생할 수 없다는 것이다. 이것은 확실히 구원 교리에 심대한 영향을 끼치는 중요한 문제인데, 왜냐하면 자주 지적되는 것처럼 만일 바울이 죄와 죽음의 기원에 대한 분석에서 잘못되었다면, 어떻게 그가 그 해결에 관해 옳은 답을 줄 것이라고 기대할 수 있겠는가?

나는 또 다른 문제에 직면해 있다. 주로 창조의 시기에 초점을 맞춘 이 간략한 개론서에서는 비록 창세기 3장에 묘사된 사건들이 매우 중요하기는 하지만 그 성격과 기원에 대해 상세히 논의하기는 불가능하다. 따라서 나는 위에 언급된 문제와 직접적인 관계가 있다고 보이는 몇 가지 견해들을 간략히 설명하는 것으로 만족할 수밖에 없다(아마 일부 독자들은 이것만으로는 만족하지 못할 것이다).

최초의
7일

세상에 어떻게 죄가 들어왔는지를 설명하는 창세기 기사(3:1-7)는 성서에서 가장 관심을 끄는 단락 중 하나다. 이 사건은 에덴동산에서 일어났으며 식물들, 동물들, 그리고 인간들이 여기 관련되어 있다. 보다 정확하게 말하자면, 선악을 알게 하는 특별한 나무, 뱀이라는 특별한 동물, 그리고 물론 아담과 하와가 관련된다.

최초의 인간들은 에덴동산에 놓여졌으며, 선악을 알게 하는 나무를 제외한 모든 나무(암시적으로 또 하나의 특별한 나무인 생명나무도 포함)의 열매를 먹는 것이 허용되었다. 그들은 선악을 알게 하는 나무의 열매를 먹으면 죽을 것이라는 경고를 받았다. 다시 말해 그들은 예외 없이 모든 열매를 먹을 수 있었으나 한 그루 특별한 나무의 열매를 먹는 것은 허락되지 않았다. 여기에 인간을 도덕적인 존재로 정의하는 기본 요소가 있다. 하나님은 그들에게 금지된 나무의 열매를 먹지 않음으로써 그들이 하나님께 "예"라고 말할 수 있는 능력과 함께, 그 열매를 먹음으로써 하나님께 "아니오"라고 말할 수 있는 능력을 주셨다.

다음으로 이 드라마의 주연 배우 중 하나인 뱀이 소개된다. 우리는 뱀이 "주 하나님이 만드신 어떤 들짐승보다 간교했다"(3:1)는 말을 듣는다. 뱀은 다른 피조물들과는 아주 다른 존재라는 사실이 밝혀졌다. 뱀은 영리했고 말할 수 있는 능력을 가지고 있었다. 뱀은 금지된 선악과를 먹는 행위의 심각성에 대해 하와와 대화를 나눈다. 그는 먼저 그 금지 조항에 대해 질문한다. "하나님이 정말 '너는 동산 안의 어떤 나무 열매도 먹지 말라'고 말씀하셨는가?"(3:1) 하와는 하나님이 이 나무 열매를 먹는 것은 고사하고 만지는 것까지 금지하셨다고 다소 부정확하게 대답한다. 이에 대해 뱀은 노골적인 부정으로 대구한다. "너희는 틀림없이 죽지 않을 거야." 여기에 뱀은 이렇게 덧붙인다. "하나님은 너희가 그 나무를 먹으면 너희 눈이 열려서, 너희가 하나님처럼 되어서 선과 악을 알게 되리라는 걸 알고 계셔"(3:5).

뱀은 음식에 대한 그녀의 (하나님이 주신) 관심, 미적 감각, 그리고 통찰력과 성취욕에 대한 미묘한 호소에다가 절반의 진실을 더하여 그것들을 그릇되게 악용함으로써 하와와 그녀의 하나님 사이를 이간질하려고 획책한다. 뱀의 교활한 설득에 넘어가서 결국 하와는 금지된 열매[19]를 따서 아담에게도 주었고, 둘 다 그 열매를 먹었다.

그 결정적인 순간에, 그들은 자신들이 얻게 된 깨달음이라는 것이 그들이 바라던 것이 전혀 아니라는 사실을 알게 된다. 그들은 생명을 발견한 것이 아니라 하나님이 그들에게 그렇게 될 것이라고 말씀해주신 것과 같이 죽음을 경험하기 시작한다. 그들은 신체적 의미에서 곧바로 죽지는 않았다. 하지만 그들이 저지른 행동의 결과는 때가 이르면 반드시 나타날 것이다. 우리는 창세기 2장을 통해 인간의 생명에 여러 측면이 있음을 배울 수 있다. 가장 낮은 단계는 신체적 생명인데, 여기에다 생명을 생명으로 만드는 다른 것들, 즉 심미적 환경, 일, 인간관계, 그리고 하나님과의 관계를 덧붙일 수 있다. 그렇다면 인간의 죽음은 이 모든 것들을 해체하는 일과 관련될 것이다. 그것은 우선 하나님과의 교제가 단절된다는 의미에서의 죽음일 것이며, 이 죽음이 초래하는 첫 번째 결과는 동산에서 하나님으로부터 숨으려 하는 부질없는 시도였다. 하나님과의 교제 단절이라는 치명적인 사건은 곧바로 다른 모든 차원에서의 죽음, 즉 심미적 죽음, 인간관계의 죽음 등으로 이어지고, 마침내 우리의 몸이 흙의 입자들로 돌아가는 가장 낮은 차원의 죽음으로까지 이어지게 될 것이다.

이런 간략한 설명을 염두에 두고서 이제 바울이 이 문제에 대해 정확히 뭐라 말하는지, 그리고 뭐라 말하지 않는지 살펴보기로 하자. 그는 아담의 죄의 결과로 모든 인류에게 죽음이 왔다고 말한다. 그는 모든 생물들에게 죽음이 왔다고 말하지 않는다. 요컨대 성서가 실제로 말하고 있는 것은 인간의 죽음이 죄의 결과라는 사실이다.[20] 이것은 일리 있는 말이다. 인간은 도덕적 존재고, 인간의 죽음은 도덕적 위반 행위에 대한 궁극적인 보응이다. 우리는 식물들과 동물들을 도덕적 범주의 관점에서 생각하지 않는다. 우리는 사자가 영양이나 심지어 사람을 죽이더라도 그 사자가 죄를 지었다고 비난하지 않는다. 바울의 신중하고 주의 깊은 진술은 인간을 제외한 창조세계에서의 죽음이라는 문제에 대해서는 답을 열어두는 것 같다.

과일과 채소[21]는 창세기에서 명시적으로 (하나님이 주신) 음식으로 언급되기 때문에 사실상 식물의 생명은 여기서 문제가 되지 않는다. 따라서 식물의 죽음도 죽음이기는 하지만, 그것은 최초의 인간이 죄를 지음으로써 발생한 것이라고 할 수는 없다. 동물은 어떤가? 예를 들어 고래는 포유류인데 그들은 녹채류를 먹고 살지 않는다. 그들의 먹이는 살아 있는 해산물이다. 따라서 고래들의 식사는 죽음을 야기한다. 바다와 육지의 생물들도 마찬가지다. 아담이 죄를 짓기 전에는 그들이 다른 먹이를 먹었을까? 그럴 가능성은 거의 없는 것 같다.

이처럼 인간이 죄를 짓기 전에는 동물의 죽음이 존재하지 않았다는 견해를 취하게 되면 육식동물들의 존재 자체가 문제시될 수 있다. 딱따구리는 곤충들을 쪼아먹을 수 있도록 목에 아주 강력한 근육을 가지고 있다. 어떤 뱀들은 맹독을 분비하는가 하면 어떤 물고기들은 전기 충격을 일으켜서 먹잇감을 기절시킬 수 있다. 게다가 많은 동물들과 물고기들이 사냥당하는 것을 피하기 위한 위장 시스템을 지니고 있다. 실제로는 독이 없으면서도 새들의 눈에는 독이 있는 것으로 보이는 곤충들이 있다. 최초의 인간이 죄를 짓기 이전에 어떤 종류의 죽음도 없었다면(따라서 포식도 없었다면), 이처럼 절묘하게 복잡한 목의 근육, 독 주머니, 전기 발생 기관, 그리고 위장 시스템은 그 죄의 결과로 존재하게 되었다는 말인가? 그렇다면 죄가 창조 과정을 유발했다는 말이 되는데, 그럴 가능성은 매우 낮아 보일 뿐만 아니라 성서도 이 문제에 대해 침묵하는 것 같지 않은가? 아니면 하나님이 변화를 예견하시고 피조물 안에 미리 그러한 장치를 만들어두셨다가 그것들이 작동하도록 무언가를 행하신 것인가?

나는 불필요한 가정들, 즉 바울이 실제로 말하고 있는 것 이상으로 나아감으로써 발생하는 신학적 문제들의 증식을 제한하기 위해 이 시점에서 오컴의 면도날[22]이 적용될 필요가 있다고 생각한다.

여기서 바울이 다음과 같이 말했을 때 정확히 무엇을 의미했는가라는 문제가 제기될 수 있다. "왜냐하면 피조물이 자발적으로가 아니라 굴복하게 하신 분 때문에 허무함에 굴복하게 되었는데, 피조물 자체가 부패의 속박에서 해방되어 하나님의 자녀들의 영광의 자유를 얻기를 바라고 있기 때문이다"(롬 8:20-21). 이런 진술은 죽음이 인간의 죄로 말미암은 결과임을 의미하는 것이 아니겠느냐라고 말하는 이들이 틀림없이 있을 것이다.

우리는 바울이 여기서 정확히 뭐라고 말하는지 다시 한 번 살펴볼 필요가 있다. 바울은 쇠퇴와 부패에 대해 말한다. 꽃들에게 일어나는 일을 생각해 보라. 수선화는 병에 걸릴 수 있다. 그러나 수선화는 병에 걸리든 걸리지 않든 이른 봄이 되면 시들어버리고 구근들만 남아 있다가 이듬해에 다시 자란다. 이처럼 시드는 과정이 질병과 동일한가? 확실히 그렇지 않다. 그것은 우리가 자연의 주기라 부르는 과정의 일부다. 그렇다면 이것은 원래 창조의 일부로서 좋은 것인가, 아니면 죄의 결과인가?

이처럼 부패, 질병, 그리고 인간의 죽음은 죄의 결과일 수 있지만, 식물과 동물의 죽음은 자연 주기의 일부일 수도 있지 않는가?[23] 그렇다면 로마서 8:20-21은 쇠퇴와 부패를 죽음과 구분하기 위해 세심하게 기록된 것이라고 합리적으로 주장할 수 있을 것이다. 거듭 말하지만, 해결의 열쇠는 성서가 정확히 뭐라고 말하는지 관찰하는 것이다.

인간의 죽음이 세상에 들어오게 된 정황을 생각해보는 것도 도움이 될 것이다. 우리가 알고 있는 것처럼 동산에는 생명나무가 있었으며 아담과 하와는 그 나무에 자유롭게 접근할 수 있었다(창 2:16). 아담의 죄가 초래한 결과 중 하나는 그 나무에 대한 접근이 금지된 것이었다. "그러므로 하나님이 '그가 손을 뻗어 생명나무도 먹고 영원히 살지 못하도록' 그를 에덴동산에서 쫓아내셨다"(창 3:22-23). 많은 사람들이 생각하는 것처럼 이 말은 아담이 그 나무 열매를 먹어본 적이 없으며 하나님도 아담이 그 열매를 먹지 않은 것을 다행으로 여기셨음을 의미할 수도 있다. 그러나 그가 동산에 살았을 때 이 특별한 식량은 그의 가까이에 있었기 때문에 그가 손만 내밀면 이것을 따먹을 수 있었다는 의미로 해석될 수도 있지 않겠는가? 이 나무는 오직 동산 중앙에만 존재했

기 때문에 아담은 일단 동산 밖으로 쫓겨난 이후로는 더 이상 그 열매를 먹을 수 없었다.[24]

여기서 다음과 같은 질문이 제기된다. 창조 시에 인간은 본질적이고 내재적인 불멸성을 가지고 있었는데, 그들이 죄를 지음으로 이것이 제거된 것인가, 아니면 "하나님에게만 불멸성이 있다"(딤전 6:16)라는 신약성서의 명시적인 진술이 보여주는 것처럼 아담에게는 내재적 불멸성이 없었으며 그는 처음부터 지속적인 존속을 위해 영원한 식량의 원천(생명나무)에 정기적으로 접근해야만 했던 것인가?

이 질문은 다음과 같은 맥락에서 인간 이외의 존재에게 찾아오는 죽음이라는 문제와 관련된다. 짐승이나 새와 같은 다른 생물들이 생명나무와 관련하여 갖는 지위는 어떠했는가? 그들에게는 내재적 불멸성이 있었는가, 아니면 없었는가? 그들에게 내재적 불멸성이 있었다면 (인간에게는 없던 것이 그들에게 있었다면 이는 다소 놀라운 일일 것이다), 하나님은 그들의 불멸성을 제거하기 위해 인간에게 하신 것과 구별되는 무언가를 행하셨는가? 동산에서 새와 짐승을 쫓아내셨다는 언급은 발견되지 않는다. 한편 짐승과 새도 생명나무에 의존했다면, 처음부터 동산 밖에 살았던 짐승들과 새들은 어떻게 되는가? 성서 텍스트는 우리에게 모든 세상이 에덴동산과 유사한 환경이었다는 인상을 주지는 않는다. 오히려 하나님이 동산을 만드셨다는 진술은 이와 정반대의 상황을 암시한다. 이는 더 많은 질문들을 야기한다. 동산 안과 밖의 차이는 정확히 무엇인가? 에덴동산에 대해 생각할 때 우리는 식물에 대해서만 생각하는 경향이 있지만, 에덴동산 기사에는 식물뿐 아니라 동물에 대한 관심도 분명하게 드러난다. 그렇다면 아름다운 에덴동산 밖에서 식물과 특히 동물은 어떤 상황에 놓여 있었는가? 우리는 이에 대해 추측만 할 수 있을 뿐이다.

이 질문들에 대해 어떻게 답을 하든지, 성서 자체는 인간의 죽음이 죄의 결과라는 사실에 영향을 주지 않으면서도 동물들이 죄가 세상에 들어오기 이전부터 죽음을 경험했을 가능성을 열어놓는 듯하다.[25]

하지만 그렇다고 해서 내가 이에 대해 제기한 모든 문제들이 해결되는 것은 아니다. 특히 두 가지 문제가 곧바로 마음에 떠오른다. 첫째로, 짐승들이 당하는 고통은 어떻게 설명될 수 있는가? 만일 포식 관계가 자연 주기의 일부라면, 먹이사슬에서는 흔히 피식자에게 끔찍한 고통이 수반되는데 어떻게 우리가 이것을 좋은 것이라고 말할 수 있겠는가? 예컨대 에덴동산 밖에 사는 동물들의 생태와 목가적인 동산 안에 거하는 동물들의 생태 간에는 차이점이 있었는가? 그렇다면 그 이유는 무엇인가?

이런 질문은 우리의 관심을 두 번째 문제, 즉 죄가 세상에 들어오는 데 있어 뱀이 맡았던 역할에 관한 문제로 돌린다. 이 뱀의 정체가 도대체 무엇이었기에 그의 속삭임이 세상을 뒤흔드는 엄청난 재앙을 유발한 것인가? 창세기는 이 질문에 대답하지 않으며, 단순히 뱀을 하나님이 만드신 피조물 중 하나라고만 묘사할 뿐이다. 그러나 그 기사는 이미 무언가를 말해주고 있고, 동시에 많은 질문을 제기한다. 이 뱀도 피조물이었으니, 결국 하나님이 궁극적으로 그 존재에 대해 책임이 있다. 그런데 뱀은 명백히 하나님께 대적했다. 달리 말하면 창세기는 지구 상에 하나님께 불순종할 능력을 가지고 있을 뿐 아니라 실제로 불순종했던 이질적인 실체가 존재했으며, 그가 최초의 인간에게 자신과 같은 길을 가라고 부추기고 있었다고 말하고 있다.

어떤 이들은 이 모든 이야기들을 원시적인 신화로 간주하고 무시하겠지만 나는 그렇게 생각하지 않는다. 사실 나는 창조 기사가 실재와 아무 관련이 없는 것이라고 즉석에서 거부하는 많은 사람들이 우주에는 틀림없이 외계생물들이 가득할 것이라는 과학자들의 주장은 (그들이 아직 외계 생명체의 존재에 대한 증거를 보여주지 못함에도) 의심 없이 기꺼이 받아들이려 하는 것이 다소 아이러니라고 생각한다.

창조 기사를 신화로 간주하는 견해를 받아들일 수 없는 다른 이유들도 있다. 예컨대 창세기에 따르면 하나님은 뱀의 행위에 대해 다음과 같이 판결을 내리신다. "네가 이 일을 했으니, 너는 다른 모든 생물들보다, 그리고 다른 모든 들짐승들보다 저주를 받을 것이다. 너는 배로 기어 다니고 네가 사는 모든 날 동안 흙을 먹을 것이다. 내가 너와 그녀 사이에, 그리고 네 후손과 그녀의 후손 사이에 적의를 불어넣을 것이다. 그는 네 머리를 상하게 하고, 너는 그의 발꿈치를 상하게 할 것이다"(창 3:14-15). 뱀에게 내리신 첫 번째 처벌은 그가 이제부터 땅 위를 기어다니게 된다는 것인데, 이 말이 시사하는 바는 전에 똑바로 걸었던 생물에 대해 말하고 있다는 것이다. 두 번째 처벌은 뱀이 여자의 후손을 대적하는 후손을 낳을 것인데, 여자의 후손 중 특별한 한 인물이 뱀의 머리를 상하게 함으로써 뱀에 대해 승리한다는 것이다.

창세기의 나머지 부분은 여자의 후손(또는 씨)에 관한 이야기의 첫 부분이 될 것인데, 그 이야기는 여자의 후손(또는 씨)인 예수 그리스도에게서 절정에 이른다. 신약성서는 인류가 악의를 품고 그리스도를 대적했을 뿐 아니라 인간이 아닌 초월적 존재이며 참소자 사탄이라 불리는 원수 악마도 그리스도를 대적한다고 말하기를 주저하지 않는다. 창세기 3장에는 이들 중 어떤 단어도 등장하지 않지만, 창세기의 뱀에 관한 묘사의 배후에 성서의 마지막 책인 요한계시록에서 "옛 뱀"(12:9; 20:2)이라고 불리는 악의적인 악마에 대한 암시가 존재한다는 것을 간파하는 것은 그리 어렵지 않다. 사실 창세기 3장에 나오는 많은 개념들이 요한계시록의 드라마에서 통합되는데, 거기서 우리는 한 짐승에 대해 말하는 것을 들을 수 있다. 그 짐승은 악마의 힘으로 활력을 얻고, 우주적인 권위를 가지며(13:4-7), 최종적으로 그리스도 자신에 의해 퇴치될 것이다(19:20).

이것은 흥미로운 논의이기는 하지만 여기서는 더 이상 깊이 다룰 수 없다. 나는 단지 성서에 의하면 우주적인 악의 존재가 아담과 하와의 범죄에 앞서는 것처럼 보인다는 점을 지적하고자 한다. 여기에 대해 C. S. 루이스(C. S. Lewis)는 이렇게 말한다.

이 시점에서 우리는 비록 신조(creed)들에 포함되지는 않았지만 교회에서 널리 믿어졌고 주 예수 그리스도, 바울, 그리고 요한의 여러 말들에 암시된 것처럼 보이는 어떤 성스러운 이야기를 떠올릴 수밖에 없는데, 그것은 바로 인간이 창조주께 반역한 최초의 피조물이 아니라 더 오래되고 더 강력한 어떤 존재가 오래전에 변절했으며 그가 지금도 어둠의 황제요 (더욱 의미심장하게는) 이 세상의 주인으로 군림하고 있다는 이야기다.[26]

이어서 그는 이렇게 말한다.

따라서 나의 견해로는 인간이 무대에 등장하기 전에 무언가 강력한 피조된 힘이 물리적 우주나 태양계에, 아니면 최소한 지구에 나쁜 일을 하고 있었으며, 인간이 타락했을 때도 실제적으로 누군가가 그를 유혹했다는 것이 합리적인 가정으로 보인다.···정말로 그런 힘이 있었다면(나는 그렇게 믿고 있는데), 그 힘은 인간이 출현하기 전에 얼마든지 동물계를 부패시킬 수도 있었을 것이다.[27]

창세기에서 적어도 한 가지 점은 확실하다. 이 어두운 힘이 최소한 동물계의 일부를 부패시켰다. 이것이 우리가 동물의 왕국에 스며든 것으로 보이는 고통과 고난의 기원을 이해하기 위해 고려해야 할 요소는 아닐까?

우리가 하나님의 형상대로 만들어졌는지, 아니면 어떤 궁극적인 의미도 없이 가능한 무작위적 순열의 바다에 던져진 것인지를 다루는 인간의 기원 문제는 인간의 정체성에 대한 개념을 세우는 데 매우 중요하다. 따라서 한편으로는 인간과 동물의 차이, 그리고 다른 한편으로는 인간과 기계의 차이를 최소화하기 위해 맹렬한 노력이 기울여지고 있다는 것이 놀라운 일도 아니다. 적어도 부분적으로라도 그러한 노력들은 자연주의가 환원주의적인 논증을 통해 하나님의 피조물로부터 그의 마지막 흔적을 제거함으로써 유신론에 대해 궁극적인 승리를 거두리라는 세속적인 확신에 의해 추진력을 얻는다. 인간은 결국 물리학과 화학의 지배를 받는 존재에 불과하다는 것이 입증되고 말리라는 것이다.

따라서 우리는 성서적 유신론이 지적 자살이 아니라 오히려 무신론적 환원주의보다 이치에 합당한 신뢰할 만한 대안임을 제시함으로써 그러한 자연주의에 맞서 싸워야만 한다.

## 앞으로 나아갈 길

우리가 살펴본 것처럼, 지구의 운동에 대한 과학적 증거가 점차 증가함에 따라 성서 해석의 영역에서도 "고정된 지구론"에서 "움직이는 지구론"으로의 변화가 나타났다. 이와 병행하여 우주의 고대성에 관한 증거가 나타나기 시작한 것은 보다 최근의 현상으로서, 처음에는 지질학으로부터, 보다 최근에는 한층 진보한 천문학과 우주론으로부터 출현했다. 물론 나는 생물학적 진화론이 지구의 고대성을 요구한다는 점을 잘알고 있으며, 많은 사람들에게는 이 점이 그들의 사고에서 가장 중요한요인이다. 그러나 우주론적 증거는 생물학과는 완전히 별개의 것이며, 따라서 우리는 생명이 "인도되지 않은" 물질적 진화 과정에 의해 출현했다는 신념을 신봉하지 않고서도 우주론적 증거를 얼마든지 받아들일 수 있다. 젊은 지구 창조론에 대한 유일한 대안은 다윈주의 모델을받아들이는 것이라는 어떤 이들의 제안은 잘못된 것이다. 나는 이와 관련된 문제들을 『하나님의 장의사: 과학이 하나님을 매장했는가?』라는책에서 다루었으며, 이 책의 부록 E는 유신 진화론 문제에 할애했다.

오늘날 진정한 과학자들은 모두 과학에 오류가 없지 않다는 점을인정한다. 이론들은 변화한다(예컨대 지구의 움직임에 관한 이론에서 보았듯이 말이다). 사실 대부분의 과학자들은 비판적 현실주의자들이다. 그들은 자신이 우주에 관한 진실을 붙잡기 위해 나아가고 있다고 믿지만,

정당한 증거가 제시될 경우 자신의 이론을 수정할 준비가 되어 있다. 우리 그리스도인들은 2장 말미에 요약된 두 가지 위험을 상기할 필요가 있다. 먼저 우리는 과학이 변하면 성서 해석도 함께 무너질 정도로 성서 해석을 과학에 너무 밀접하게 연계시키는 것을 피해야 한다. 다른 한편으로는 반계몽주의적 동기나 두려움으로 인해 과학을 무시하고, 세상 사람들에게 기독교가 지성에 반하는 것이라는 인상을 주는 것도 현명하지 못한 처사다. 그리스도인은 진정한 과학을 조금도 두려워할 필요가 없다. 많은 그리스도인들이 과학의 발전에 탁월한 기여를 해왔으며, 앞으로도 그럴 것이다.

그렇다면 우리가 나아갈 최선의 길은 어떤 것인가? 여기서는 네 가지 두드러진 고려사항을 언급하고자 한다.

1. 지구의 고대성을 지지하는 현대의 과학적 증거들을 고려할 필요가 있다.

2. 한 저명한 젊은 지구 창조론자는 다음과 같이 정직하게 자신의 입장을 표명했는데 이는 본받을 만한 태도다. "젊은 지구 창조론자들은 자신들의 견해가 현재로서는 순수하게 과학적인 근거에서 볼 때 이치에 맞지 않다는 점을 겸손히 인정해야 한다. 그들은 오래된 지구 창조론자들과 같이 자연주의를 거부하는 사람들과 공동 노선을 취함으로써 가장 기본적인 신앙의 틀을 구축할 필요가 있다."[28]

3. 비록 성서가 젊은 지구 창조론의 관점에서 해석될 여지가 없는 것은 아니지만, 성서는 그런 해석을 요구하지 않는다. 우리는 성서의 권위를 훼손하지 않고서도 오래된 지구 창조론의 관점에서 이 문제를 해석할 수 있다.

4. 우리가 모든 것을 다 아는 것은 아니다. 겸손은 종종 가장 위대한 과학자들에게서 발견된다. 또한 겸손은 그리스도인의 덕목이기도 하다.

코페르니쿠스와 갈릴레오 이후로 사람들은 ("고정된 지구론"으로 "젊은 지구 창조론"을 대체함에 있어) 점차 위에 언급한 세 가지와 본질적으로 동일한 요인들에 점점 더 비중을 두었으며, 이로 인해 사람들은 우주에 대한 점증하는 지식과 조화될 수 있는 새로운 해석을 받아들이는 데 점점 더 확신을 갖게 되었다. 오늘날에도 이와 유사한 일이 일어나지 말라는 법이 없다. 과거에 사람들이 지구의 운동에 대해 관점을 바꾼 것이 수치스러운 일이나 타협이 아니었던 것과 마찬가지로, 오늘날 사람들이 지구의 나이와 관련하여 입장을 바꾸는 것도 수치스러운 일이나 타협이 아니다. 어쨌거나 과학자들은 최근에서야 우주에 시작이 있음을 인정하기 시작했다! 이는 위에 열거한 네 번째 요인, 즉 겸손의 필요성을 상기시키기에 적절한 지점이다.

## 덧붙이는 말

나는 여기서 멈추기를 원치 않는다. 여기서 멈춰버리면 독자들은 창세기 1장을 살펴보는 유일한 이유가 창세기 1장과 과학의 관계 문제를 해결하기 위해서일 뿐이라고 생각할 수도 있다. 그것은 참으로 유감스러운 일인데, 왜냐하면 다음 장에서 확인할 수 있는 것처럼 창세기 1장은 다른 많은 중요한 문제에 대해서도 할 말이 많기 때문이다.

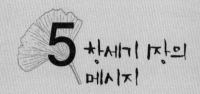

# 5 창세기 1장의 메시지

창세기는 성서 전체의 기초가 되며 특히 그 첫 번째 장은 헤아릴 수 없는 중요성을 갖는다. 창세기 1장은 성서적 세계관[1]의 토대가 될 뿐 아니라, 우리 인간들에게 거대 담론, 즉 그 안에 우리의 삶이 투영되고 또 그로부터 우리의 삶이 의미와 목적 그리고 가치를 획득하게 되는 커다란 이야기를 제공해준다. 본 장은 그 원대한 이야기를 다룬다.

## 하나님이 존재한다

우리에게 가장 근본적이고 거대한 질문 중 하나는 궁극적 실재의 본질이 무엇인가 하는 것이다. 성서적 세계관의 중심 신조는 하나님이 궁극적 실재라는 것이다. "태초에 하나님이…." 창세기는 여기서 하나님이 존재한다는 심원한 진리를 주장한다. 그런데 이러한 주장은 아무런 보강 증거도 없이 제시된다. 그렇다고 해서 창세기 저자에게 제시할 증거가 전혀 없었다고 간주하는 것은 잘못이다. 창세기와 성서의 나머지 책들도 이후에 증거를 제공한다. 그러나 창세기가 시작되는 방식 자체는 모든 세계관이 출발점을 가져야 함을 우리에게 상기시켜준다. 성서적 세계관은 하나님으로부터 시작하고, 무신론자의 세계관은 우주로부터 시작한다.

그런데 창세기 1장은 우리에게 하나님이 존재한다는 사실만 말하는 것이 아니라 "하나님에 대해" 많은 것을 말해준다.

## 하나님은 영원한 창조주다

"태초에 하나님이 천지를 창조하셨다." 창세기 1:1은 이처럼 장엄하게 창조의 사실을 선언한다. 이것은 하나님에 관한 진리 주장이기만 한 것이 아니라 물리적 우주에 관한 진리 주장이기도 하다. 물론 본문에서 우주가 무로부터(*ex nibilo*) 창조되었다고 명시적으로 밝히지는 않지만, 이 구절을 그렇게 이해하는 것을 지지하는 강력한 논거가 존재하며 실제로 많은 학자들이 본문을 그런 방식으로 이해한다. 첫째, "천지"라는 어구는 "물리적 우주의 모든 것"을 나타내는 제유법(merism)[2]일 가능성이 매우 높은데, 그럴 경우 창세기 1:1이 함의하는 바는 무로부터의 창조다. 신약성서에서도 이러한 견해를 강력하게 지지하는 구절들을 발견할 수 있다. 히브리서 11:3은 이렇게 말한다. "믿음으로 우리는 우주가 하나님의 말씀으로 창조된 것을 안다. 왜냐하면 보이는 것은 볼 수 있는 것들로부터 만들어지는 것이 아니기 때문이다." 물질은 "보이는 것"이고 "볼 수 있는 것"이다. 여기서 우리는 적어도 우주가 이미 존재하고 있던 가시적인 물질로부터 만들어지지 않았음을 확인할 수 있다.[3]

또한 이 주제에 관련된 가장 명확한 진술이라 할 수 있는 요한계시록 4:11은 이렇게 말한다. "우리 주 하나님, 영광과 영예와 능력을 받기에 합당하시니, 이는 주께서 만물을 창조하셨고, 주의 뜻대로 만물이 존재하게 되었고 창조되었기 때문입니다." 여기서 시사하는 바는 하나님이 어느 시점엔가 우주를 창조하셨기 때문에 우주가 존재하게 되었다는 것이며, 비록 이것이 이해하기 난해한 주장인 것은 사실이지만, 우리는 우주를 창조할 재료가 될 만한 것이 전혀 존재하지 않았기 때문에 우주는 무로부터 창조된 것이라고 추론할 수 있다. 이러한 모든 진술들은 명확히 창세기 1:1에 근거를 두고 있다.

하나님이 물리적 우주를 창조했다는 주장은 매우 중요하다. 이것은 왜 아무것도 없는 대신에 무언가가 있는가라는 질문에 대한 답변이 된다. 또한 이 주장은 우주가 스스로를 설명할 수 없음을 함축한다. 그런데 세속적 무신론은 그 정의상 우주가 스스로를 설명할 수 있다는 입장을 견지할 수밖에 없다. 이 주장은 우리에게 물리적 우주가 아니라 하나님이 궁극적 실재라고 말해준다.

창조의 사실 자체를 창조의 방식이나 시기와 혼동하지 않는 것도 물론 중요하다. 내가 이것을 언급하는 이유는 창조의 방식이나 시기와 관련된 문제들을 해결하지 못했다는 이유로 창조가 발생했다는 사실 자체를 믿기를 포기하는 사람들이 있기 때문이다. 과학으로부터 실례를 들어보면 이 사안을 이해하는 데 도움이 될 수 있다. 스티븐 호킹(Stephen Hawking)은 공간과 시간이 특이점(singularity)에서 시작되었다고 말하는데, 그 지점에서 물리학 법칙들은 붕괴된다. 그러므로 창조의 순간은 과학에 커다란 문제를 안겨준다. 하지만 이러한 사실이 대부분의 과학자들로 하여금 시작이 있었다고 믿는 것을 포기하게 만들지는 않는다. 이 과학자들에게 중요한 점은 세상의 시작에 대한 과학적 근거가 존재한다는 것이다. 비록 과학이 그 시작의 본질을 완전히 이해하지는 못한다 하더라도 말이다.[4] 창세기를 대할 때 우리는 이러한 태도를 유지해야 한다.

창세기 1:1은 신약성서에서 요한에 의해 그의 복음서 서두에서 보다 완전하게 계시될 사실을 예견한다. "태초에 말씀이 계셨는데 그 말씀은 하나님과 함께 계셨고 그 말씀은 하나님이셨다. 그는 태초에 하나님과 함께 계셨다. 모든 것들이 그를 통해 만들어졌고, 그가 없이는 어떤 피조물도 만들어지지 않았다"(요 1:1-3). "만들어졌다"라고 번역된 단어는 "존재하게 되었다"를 의미한다. 하나님은 영원하며 창조되지 않았다. 그는 존재하게 된 것이 아니라 항상 존재한다. 반면에 우주는 "존재하게 되었다." 우주는 항상 존재한 것이 아니었다. 그런데 이는 무로부터의 창조를 확증하는 또 하나의 강력한 증거다.

그러므로 창세기 기사가 비록 변증으로 의도된 것은 아니었지만 그것은 고대 이교도들의 방식이건 아니면 현대의 세속적 방식이건 간에 모든 우상숭배적 우주 해석에 정면으로 배치된다. 요한복음이 그리스-로마의 다신론을 반박하는 것과 마찬가지로 창세기는 바빌론, 가나안, 그리고 이집트의 다신론과 정면으로 충돌한다. 특히 고대 근동의 기사들은 신들이 어떻게 원시 물질로부터 발생했는지를 묘사하는 "신들의 계보"를 포함하고 있다.[5] 여기서 신들은 자연과 그 힘들을 신격화한 것에 불과하다. 결국 그러한 고대 세계관은 겉으로 드러난 것보다는 현대의 물질주의에 상당히 근접해 있다. 예컨대 우주의 정밀한 조율은 어디엔가 위대한 지성이 존재함을 암시한다고 주장하는 폴 데이비스(Paul Davies)와 같은 현대 물리학자들도 이러한 지성이 원시 물질로부터 진화했음이 분명하다는 입장을 고수한다. 즉 그것은 그런 의미에서 물질적 기원을 갖는다.

리처드 도킨스가 『만들어진 신』(God Delusion)이라는 책에서 전개하는 주요 주장 중 하나는, 하나님이 모든 것을 창조했다면 그 하나님을 창조한 자는 누구인지 물어봐야 한다는 것이다. 그러나 바로 이런 질문을 한다는 사실이 도킨스가 창조된 하나님을 염두에 두고 있음을 드러낸다. "누가 하나님을 창조했는가?" 창조된 신들이라는 개념은 확실히 기만적이다. 그러나 창세기에 계시된 하나님은 창조되지 않았으며, 따라서 "누가 하나님을 창조했는가라는 논쟁"은 설 자리를 잃게 된다. 도킨스가 가진 난점은 아마도 그가 "영원한 어떤 존재"를 믿지 못한다는 점일 것이다. 왜 믿지 못하는가? 과학이 영원한 것은 아무것도 없다고 말하지 않는다는 점은 분명하다. 사실 영원한 우주 또는 영원한 에너지라는 개념은 수 세기 동안 인간의 사고를 지배해왔으며 지금도 학계에서 사라지지 않고 있다.

게다가 만일 도킨스의 질문이 타당하다면 이 질문은 그 자신에게 되돌아올 수 있다. 그는 우주가 신을 창조했다고 믿는다. 그러므로 그에게 누가 당신의 창조주를 창조했느냐고 질문하는 것은 정당하다.

여기서의 요점은 그런 모든 질문들은 질문자가 궁극적 실재라고 믿는 것에서 멈춰야 한다는 것이다. 지금까지 살펴본 것처럼, 무신론자들에게는 궁극적 실재가 우주이고, 유신론자들에게는 하나님이 궁극적 실재다. 창세기는 하나님이 근본이며 우주는 파생된 것이라고 주장한다. 이러한 세계관은 물질이 근본이고 마음을 포함한 다른 모든 것들은 파생된 것이라고 가르치는 고대의 다신론 및 현대의 세속주의와 정면으로 대립한다.

## 하나님은 자신의 피조물들과 구분된다

더 나아가 창세기에 의하면 하나님은 우주를 창조하셨지만 그 우주와 동일시될 수는 없다. 태양과 달과 별들이 순전히 물리적으로 "빛들"이라고 묘사되는 점은 주목할 만하다. 동시대의 이교도 신화들에서처럼 그것들에게 모종의 신성을 부여한다는 암시는 전혀 찾아볼 수 없다. 또한 우주는 태양으로부터 태양광선이 방출되는 것과 유사한 방식으로 하나님으로부터 방출된 그 무엇도 아니다. 물질은 하나님으로부터가 아니라 무로부터 만들어졌다. 따라서 창세기 기사에는 범신론의 어떤 흔적도 없다.

또한 하나님은 우주를 만들어놓은 후에는 무대에서 물러나 더 이상 이에 대해 관심을 가지지 않는 초연한 이신론적 "과학자들의 하나님"도 아니다. 사실 창세기 서사의 상당 부분이 인간과 하나님의 관계를 다루고 있으며, 또한 당연히 인간들 간의 관계에도 큰 비중을 두고 있다.

그러한 관계가 가능하다는 사실 자체가 창세기 1장에 계시된 하나님의 또 다른 심원한 특성과 관련을 맺고 있다.

## 하나님은 인격적이다

"하나님이 말씀하셨다." "그것이 하나님 보시기에 좋았다." "하나님이 복을 주셨다." 그리고 무엇보다 "하나님이 자신의 형상대로 사람을 만드시되, 남자와 여자를 만드셨다"와 같은 구절들은 하나님이 단순한 힘(force)이 아니라 인격적 존재임을 보여준다. 하나님을 "힘"(the Force)으로 규정하는 "스타워즈"식 사고방식에는 위험이 도사리고 있다. 왜냐하면 우리는 인격적 존재로서 우리 자신이 "힘"보다 우월하다고 가정하는데, 그러한 가정 자체가 그른 것은 아니기 때문이다. 우리는 힘들을 통제하고 그것을 이용한다. 따라서 우리가 하나님을 힘으로 간주할경우 우리는 하나님을 우리의 충성과 예배를 받을 가치가 있는 창조주이자 주님으로 여기기보다는 우리가 통제하고 이용할 수 있는 어떤 힘으로 오해할 수도 있다. 하나님이 우리를 사용하시는 것이지 우리가 하나님을 이용하는 것이 아니다.

## 하나님은 친교다

창세기 1장은 하나님의 신이 "물 위를 운행"한다고 묘사하며(2절), 하나님이 "**우리**가 **우리**의 형상대로 사람을 만들자"라고 말했다고 기록한다(창 1:26. 강조는 저자가 덧붙임). 이 시점에서는 어떤 설명도 주어지지 않았지만, 이 진술은 확실히 삼위일체[6)]에 관한 신약의 가르침을 예견한다. 이러한 인상은 "그리고 하나님이 말씀하셨다"라는 구절을 반복해서 사용한다는 사실로 더욱 강화된다. 창조는 하나님의 말씀과 관련이 있다. 이 사실에 집중하면서 사도 요한은 자신의 복음서를 다음과 같은 웅장한 진술로 시작한다. "태초에 말씀이 계셨고, 그 말씀이 하나님과 함께 계셨으며, 그 말씀은 하나님이셨다. 모든 것이 그를 통해 만들어졌다"(요 1:1-3a).

요한은 재빨리 그 "말씀"을 예수 그리스도와 동일시한다. "말씀이 육체가 되어 우리 가운데 거하셨다. 그리고 우리는 그의 영광, 곧 아버지께로부터 나신 유일한 아들의 영광을 보았는데 그분 안에는 은혜와 진리가 충만했다"(요 1:14). 이처럼 하나님은 우리에게 아버지, 아들 그리고 성령의 친교, 즉 삼위일체로 계시되었다.

사도 바울은 그리스도에 대해 이렇게 말한다. "그는 보이지 않는 하나님의 형상이고, 모든 피조물 중 가장 먼저 나신 분이다. 왜냐하면 하늘에 있는 것이나 땅 위에 있는 것, 보이는 것과 보이지 않는 것, 왕위, 주권, 또는 통치자들이나 권위 등 모든 것들이 그에 의해 창조되었기 때문이다"(골 1:15-17).

이 구절들은 21세기는 차치하고 어느 시대 누구에게라도 충격을 안겨줄 만한 주장이다. 이 구절들은 명백히 그리스도가 시공간을 창조하셨음을 시사한다. 자신이 고안한 복잡한 법칙에 의해 운행되는 물리적 우주를 설계하고, 상상할 수 없는 에너지와 힘으로 이를 존재하게 하신 것은 바로 그분이었다. 그리고 생각을 통해 물질, 생명, 그리고 의식의 청사진을 실제적인 존재로 구체화시켰던 하나님의 마음이 바로 그분의 마음이었다. 예수 그리스도가 스스로에 대해 주장하셨던 것처럼 그가 성육신한 하나님의 말씀이 아니시라면 그에 관한 어떤 주장도 어불성설이다. 종종 말해지는 것처럼 과학은 하나님을 배제할 수 없다. 예수 그리스도로 인해 우리는 하나님을 인정하지 않을 수 없다.

## 하나님의 창조에는 목적이 있다

앞에서 살펴본 것처럼 성서의 창조 기사를 통해 우리가 받는 인상은 하나님이 모든 것을 단번에 행하시지는 않았다는 것이다. 이 주목할 만한 사실은 즉각 우리 마음속에 다음과 같은 질문을 제기한다. 날들의 순서에는 어떤 목적이 있는가? 그것들의 귀결은 무엇인가? 창세기 내러티브는 다음과 같이 시작한다. "태초에 하나님이 천지를 창조하셨다." 이어서 땅이 "형태가 없고 공허"했으며, 하나님이 말씀하시기 시작했다는 구절이 등장한다. 거듭 되풀이되는 "그리고 하나님이 말씀하셨다"라는 구절은 하나님이 그 말씀을 통해 세상의 형태를 만드시고 그곳을 생물들로 채우신 창의적이고 조직적인 일련의 단계들을 보여준다. 마지막 단계에 하나님은 자신의 형상대로 인간을 창조하셨다. 인간은 하나님의 창조에서 정점을 이룬다. 인간만이 하나님의 형상을 지녔다고 말해진다. 지구는 특별하다. 지구는 인간이 그곳에서 살게 하려는 궁극적인 목적을 가지고 창조되었다.[7]

그러므로 창세기 내러티브는 우주가 어떻게 존재하게 되었는지에 대해 알려주기만 하는 것이 아니다. 창세기는 우주가 왜 존재하는지에 대해서도 말해준다. 그런 이유로 창세기는 창조의 과정뿐만 아니라 하나님이 우주 전체, 특히 지구가 자신의 형상대로 만들어진 남자와 여자에게 적합한 거주지로 기능할 수 있도록 조직하셨다는 점도 강조한다. 지구에게 특정한 형태가 주어져야 했다. 즉 인간이 하나님의 의도대로 번성하고 기능을 발휘하도록 빛과 어둠, 육지와 바다가 나뉘고, 하늘에는 세상을 밝혀주는 빛이, 음식을 위해서는 식물이 주어져야 했다.

지구가 인류의 거처로 설계되었다는 성서의 가르침은 현대 과학이 우주의 정교한 조율에 대해 말하는 것과도 조화를 이룬다. 최근에 물리학자들과 우주학자들은 생명이 우리가 가능한 것으로 알고 있는 대로 존재하기 위해서는 자연의 기본적인 상수들(모든 것들이 그에 의존하는 특별한 숫자들)이 "정확히 들어맞아야" 한다는 점을 발견했다.[8] 노벨 물리학상 수상자 아르노 펜지아스(Arno Penzias)는 이 놀라운 발견에 대해 이렇게 논평한다. "천문학은 우리를 독특한 사건, 곧 무로부터 창조된 우주로 이끄는데, 이러한 우주는 생명체를 허용하기 위해 요구되는 지극히 정교한 상태를 제공하기 위해 매우 섬세한 균형을 요구할 뿐 아니라, 또한 그 근간을 이루는 (우리가 "초자연적"이라 부를 만한) 설계도 면을 필요로 한다."[9] 폴 데이비스의 증언은 여기서도 도움이 된다. "나는 우리가 우주 상에 존재하게 된 것이 단순히 운명의 변덕이나 역사의 우연 또는 거대한 우주적 드라마에서의 우발적 현상이라는 말을 믿을 수 없다. 우리는 너무나도 밀접하게 이 우주와 엮여 있으며, 우리는 참으로 이곳에 존재하도록 의도되었다."[10]

이처럼 창세기와 과학 모두 우주가 인간의 생명을 부양하도록 적합하게 조율되어 있다고 말한다. 그러나 창세기는 한술 더 뜬다. 창세기는 당신이 인간으로서 하나님의 형상을 지니고 있다고 말한다. 물론 하늘의 별들도 하나님의 영광을 보여준다. 그러나 별들은 하나님의 형상대로 만들어진 것은 아니다. 하나님의 형상대로 만들어진 것은 바로 당신이다. 그 점은 당신을 독특한 존재로 만들 뿐 아니라 당신에게 측

102

량할 수 없는 가치를 부여한다. 은하는 당신에 비하면 상상할 수 없을 만큼 넓다. 그러나 당신은 은하가 존재한다는 사실을 알지만 은하는 당신이 존재한다는 사실을 모른다. 그러므로 당신은 은하보다 중요하다. 크기는 가치를 가늠하는 데 필수적인 요소가 아니다. 여인이 자신의 손가락에 낀 다이아몬드 반지와 뜰에 쌓인 석탄 더미의 가치를 비교할 필요가 있겠는가.

## 하나님은 그의 말씀으로 창조하신다

앞에서 이미 살펴본 것처럼, 하나님이 모든 것을 단번에 행하시지 않았다는 사실을 통해 우리는 하나님이 지구를 창조하신 목적이 자신의 형상을 지닌 유일한 존재인 인간의 거처가 되게 하려는 것이었음을 상기하게 된다. 마지막 종착점을 향해 나아가는 각각의 단계들은 하나님의 말씀으로 시작한다. "그리고 하나님이 말씀하셨다." 창조에서 하나님의 말씀이 갖는 역할에 대해 이처럼 반복해서 언급하는 것은 과학자인 나에게 매우 강력한 반향을 불러일으킨다. 나의 견해로는, 지성을 지닌 원천으로부터 정보와 에너지가 투입되지 않고서는 우주가 존재하게 되지 않는다는 개념은 과학적 발견에 의해 충분히 확인된 것 같다.

첫째, 수학적 언어는 사물들이 어떻게 작동하는지를 묘사하기 위한 강력한 도구라는 점이 증명되었다. 숫자들이 자연 법칙을 상징들로 구성된 짧고 우아한 "말"(words)로 암호화한 것은 확실히 우주의 물리 구조에 궁극적인 원인을 제공하는 보다 큰 말씀(Word)을 반영한다.

더 나아가 모든 시대를 통틀어 가장 위대한 것이라고 할 만한 중대한 과학적 발견이 있는데, 인간의 몸을 구성하는 10조 개의 세포가 각각 인간 게놈이라 불리는 놀라운 길이의 "말"을 가지고 있다는 것이다. 이 "말"은 C, G, A, T라는 네 개의 화학적 "문자들"(letters) 이루어진 35억 개 길이의 "글자들"이다. 프랜시스 크릭(Francis Crick)과 제임스 왓슨(James Watson)은 이 유전자 정보를 담고 있는 DNA의 이중 나선 구조를 발견하여 노벨상을 수상했는데, 그들의 연구는 분자 생물학의 혁명, 즉 DNA처럼 정보를 담고 있는 거대분자(macromolecules)에 대한 연구를 촉발시켰다.

최근에는 정보가 과학의 근본 개념 중 하나로 여겨지게 되었다. 정보가 가진 가장 흥미로운 요소 중 하나는 그것이 물질적인 것이 아니라는 점이다. 당신이 지금 읽고 있는 정보는 종이와 잉크라는 물리적 매체를 통해 (또는 물리적인 컴퓨터 화면으로) 전달된다. 그러나 정보 자체는 물질적인 것이 아니다. 내가 다른 곳에서 자세하게 주장한 것처럼,[11] 정보가 비물질성을 갖는다는 사실은 우리에게 비물질적 근원, 즉 하나님의 마음을 상기시킨다.

게다가 인간은 말을 사용하여 우주를 묘사하거나 서로 간에 소통하는 놀라운 재능을 부여받았다. 이러한 능력은 확실히 우리에게 자신의 형상과 모습을 부여하신 훨씬 더 큰 "말씀"을 암시하는 것이 아니겠는가? 그럼에도 많은 사람들은 그리스도가 하나님의 말씀이라는 주장이 과학을 아는 시대에는 받아들일 수 없는 터무니없는 것이라고 여긴다. 과학자로서 나는 그들의 태도가 매우 이상하다고 고백하지 않을 수 없다. 내가 어느 주요 연구기관에서 많은 과학자들에게 "과학과 하나님"에 관해 강의를 한 뒤에 (기쁘게도) 어느 물리학자가 내게 이렇게 말을 걸어왔다. "저는 당신의 강의를 들으면서 당신이 하나님의 존재를 믿을 뿐만 아니라 그리스도인이기도 하다고 결론지었습니다. 따라서 당신은 예수 그리스도가 하나님인 동시에 인간이라고 믿을 것이 분명합니다. 과학자로서 당신은 이에 대해 어떻게 설명하시겠습니까?"

나는 그의 질문에 대한 답례로서 또 다른 질문을 던졌다. 그리고 나는 내 질문이 더 간단하다고 생각했기 때문에 그에게 먼저 대답하도록 제안했다. 그는 그렇게 하자고 동의했다. 나는 "의식이 무엇입니까?"라고 물었다. 그는 "우리는 사실 이것에 대해 잘 모릅니다"라고 대답했다. 나는 이렇게 말했다. "상관없습니다. 더 간단한 것을 시도해봅시다. 에너지가 무엇입니까?" 그는 이렇게 대답했다. "글쎄요, 우리는 에너지를 다루는 방정식들을 가지고 있으며, 그것을 측정하거나 사용할 수 있습니다…." "제 질문은 그게 아니었습니다! 에너지가 무엇입니까?" 잠시 생각하더니, 그는 이렇게 말했다(나는 그가 그럴 거라고 짐작하고 있었다). "우리는 사실 이것에 대해 잘 모릅니다." 그러자 나는 이렇게 말했다. "당신은 의식과 에너지를 믿습니까?" 그는 "예"라고 대답했다. "당신은 그것들을 믿으면서 그것들이 무엇인지는 모른다는 것입니까? 그렇다면 제가 당신이 물리학자로서 무가치하다고 간주해도 되겠습니까?" 그는 "제발 그러지 마세요"라고 부탁했다. 나는 이렇게 대답했다. "그런데 당신은 제가 의식이나 에너지보다 훨씬 더 복잡한 존재, 즉 하나님 자신의 본질을 설명하지 못한다는 이유로 제가 과학자로서 무가치하다고 말씀하시는군요."

나는 말을 계속 이어갔다. "말씀해주십시오. 당신은 왜 의식이나 에너지를 이해하지 못하는데도 그것들을 믿습니까?" "음, 왜냐하면 나는 그 개념들이 이치에 합당한 것이라고 생각하기 때문입니다. 그 개념들은 일종의 설명력(explanatory power)을 가지고 있습니다. 다시 말해 당신은 그것들을 완전하게 이해하지 못해도 그것들을 통해 다른 것을 설명할 수 있습니다."

"그렇죠." 나는 이에 동의했다. "그리고 그것이 바로 제가 예수는 사람이신 동시에 하나님이셨다고 믿는 이유입니다. 저는 그것을 설명할수 없습니다. 정의상 그것은 설명하기 가장 어려운 것들 중 하나로서 의식이나 에너지에 대해 설명하는 것보다 훨씬 더 어렵습니다. 그러나 저는 그것이 다른 모든 것을 의미 있게 만들어주기 때문에 그것을 믿습니다. 그것만이 예수의 탄생, 생애, 죽음, 부활, 그리고 승천에 대해 적절하게 설명해줄 수 있는 유일한 해석입니다."[12]

## 하나님은 빛의 근원이시다

날들의 전개는 이렇게 시작한다. "그리고 하나님이 '빛이 있으라'라고 말씀하셨다." 바울은 자신의 유명한 구절에서 이 표현과 기독교 메시지 간의 유사성을 지적한다. "왜냐하면 우리가 선포하는 메시지는 우리 자신에 대한 것이 아니라 예수 그리스도가 주님이시며 우리는 예수 그리스도를 위하여 여러분의 종이 되었다는 것이기 때문입니다. '어둠 가운데에서 빛이 비추라'라고 말씀하셨던 하나님이 우리의 마음을 비추셔서 예수 그리스도의 얼굴에 있는 하나님의 영광을 아는 지식의 빛을 발하게 하셨습니다"(고후 4:5-6).

바울은 사람이 회심할 때 일어나는 일을 창조 사건에 비유한다. 우

106

리는 비유가 단순히 물리적인 차원을 넘어서 보다 깊은 차원에 존재하는 무언가 실제적인 것을 암시한다는 점을 기억할 필요가 있다. 하나님이 자신을 믿는 인간의 마음에 비추는 빛은 비록 물리적인 것은 아닐지라도 실제적인 것이다. 그것은 단지 심리적으로 고대하고 생각하는 차원의 문제가 아니다. 바울이 바로 다음 장에서 다시금 창조의 언어를 사용하여 다음과 같이 계속해서 말하는 것처럼, 복음은 실제로 영적인 변혁을 가져온다. " 누구든지 그리스도 안에 있으면 그는 새로운 피조물입니다. 옛것은 지나갔습니다. 보십시오, 새것이 왔습니다"(고후 5:17). 이런 이유로 우리는 그리스도의 메시지를 신뢰할 수 있다. 이 메시지는 실제적인 조명을 가져오고 인간의 경험 속에서 스스로를 증명한다. 또한 이 메시지는 C. S. 루이스가 다음과 같이 지적한 것처럼 스스로를 지적으로 증명한다. "나는 해가 떴다는 것을 믿듯이 기독교를 믿는다. 내가 그것을 보기 때문만이 아니라, 그것에 의해 다른 모든 것을 보기 때문이다."

그러나 신약성서는 창조의 빛 문제에 대해 훨씬 더 많은 것을 말해준다. 사실 예수 자신이 창세기에 처음 등장하는 "날"이라는 표현에 대해 언급하셨으며, 이로부터 우리 삶에 대한 놀랍고 강력한 적용을 이끌어내신다. 요한은 그의 복음서에서 이 적용을 예수가 자신이 하나님의 아들이요 성육신한 하나님의 말씀이라는 주장을 확증하기 위해 수행하셨던 주요 표적들 중 하나, 즉 나사로를 일으키시는 유명한 이야기와 연결시킨다(요 11:1-12:11). 나사로는 예루살렘에 가까운 베다니라는 마을에서 마리아와 마르다라는 누이들과 함께 살았다. 나사로가 병에 걸렸고, 누이들은 그들에게 가족이나 친구와 같은 존재였던 예수에게 메시지를 보냈다. 예수는 즉각적으로 반응을 보이지 않으시고 자기 제자들과 함께 있던 곳에서 이틀을 더 머무셨다. 그러고 나서 그는 나사로가 병에 걸렸으니 유대로 돌아가야겠다고 선언하셨다. 후에 예수는 제자들에게 그가 나사로를 죽음의 "잠"에서 깨우기 위해 가는 것이라고 설명하셨다.

제자들은 예수의 선언에 대해 매우 부정적으로 반응했다. "선생님, 유대인들이 바로 얼마 전에 선생님을 돌로 치려 했는데, 그곳에 다시 가려고 하십니까?(요 11:8) 당시 제자들에게는 유대로 돌아가는 것이 자살 행위처럼 여겨졌다. 그들은 예루살렘에서 멀리 떨어진 갈릴리에 머무는 것이 안전하다고 생각했다. 그들은 예수에 대한 적대감이 그처럼 강한 상황에서 그들이 수도인 예루살렘이나 그 근방에 모습을 드러낸다면 무슨 일이 발생할지 모른다는 두려움을 가지고 있었다.

예수는 우리가 태양계라고 부르는 것의 구조에 대해 언급함으로써 그들에게 대답하셨다. "낮이 열두 시간이 아니냐? 누구든 낮에 걸으면 이 세상의 빛을 보기 때문에 걸려 넘어지지 않는다. 그러나 누구든 밤에 걸으면 **그 사람 안에 빛이 없기** 때문에 걸려 넘어진다"(요 11:9-10; 강조는 저자가 덧붙임). 예수는 창세기 1장에 처음 묘사된 이 세상의 발광체계의 배열을 통해 그의 제자들에게 중요한 교훈을 가르치고자 하셨다. 이 교훈은 "낮"이라는 단어에 대한 첫 번째 언급에 근거한다. "하나님이 빛을 낮이라 부르고, 어둠을 밤이라 부르셨다"(창 1:5). 빛에게 "낮"이라는 이름을 주신 이가 하나님이라는 사실은 흔히 무시되곤 한다. 창세기는 하나님이 인간에게 사물들의 이름을 지으라고 말씀하신 사실을 다루는 책인데, 그렇다면 왜 하나님은 피조된 우주 가운데 극소

수의 대상들에게 이름을 붙이는 일은 스스로에게 남겨두시는가? 그렇게 함으로써 확실히 그것들에 우리의 주의를 환기시킨다. 왜냐하면 낮과 빛은 동일한 것이 아니기 때문이다. 그렇지 않은가?

예수는 여기서 우리가 놓치기 쉬운 무언가 중요한 것, 즉 창조와는 구별되는 세상의 조직화에 대해 설명하신다.[13] 하나님이 빛을 "낮"이라 부르시고 어둠을 "밤"이라 부르신 것은 엄밀한 의미에서는 창조 행위가 아니다. 이들은 조직화에 관한 것이다. 언어적 구분을 가능하게 해주는 것은 바로 태양계의 기하학적 배열이다.

이 배열이 성립하기 위해서는 먼저 지구의 빛의 원천인 태양이 물리적으로 우리의 고향인 지구 외부에 위치해야 한다. 예수가 말씀하신 것처럼 빛은 우리 안에 있지 않다. 둘째로 지구는 자체 축을 중심으로 회전하여 태양에게 지속적으로 다른 표면을 보여줌으로써 그 회전이 낮의 시간들과 밤의 시간들을 나누게 해야 한다. 그런 점에서 낮은 (태양의) 빛에 대한 우리의 경험이다. 빛은 창조주 자신의 의도적인 조직화 전략에 의해 주어진 것이다.

그 이유를 알기 위해서는 넷째 날에 대해 다시 한 번 생각해볼 필요가 있다. 우리는 앞에서 사람들이 어떤 방식으로 오리게네스의 문제를 풀려고 했는지에 대해 생각해봤다. 우리는 넷째 날이 빛의 창조(첫째 날)를 염두에 둔 것이 아니라 하늘에 보이는 실체들로서의 태양과 달, 그리고 별들이 무엇을 위한 것인지에 관심을 두고 있음을 발견했다. 창세기 텍스트는 명시적으로 다음과 같이 말한다. "그들로 하여금 징조와 계절과 낮과 밤이 되게 하자"(창 1:14).

오늘날과 같은 첨단 과학의 시대에 도시에서 생활하는 우리는 지구

생물의 유기적 구조화 작업에서 태양과 달 그리고 별들에게 주어진 근본적인 역할들을 간과하기 쉽다. 그러나 수천 년 동안 사람들은 파종 및 수확의 주기를 결정하거나 가축들의 생명 유지에 필수적인 풀을 뜯기기 위해 산으로 갈지 또는 골짜기로 갈지를 결정하기 위해서뿐 아니라 길을 찾기 위해서도 이러한 하늘의 "빛들"을 관찰할 필요가 있었다. 이 "빛들"은 사람들로 하여금 시공간 내에서 자신의 현재 위치와 시간을 알 수 있게 해준다. 넷째 날에서는 확실히 태양과 달 그리고 별들이 어떻게, 그리고 언제 존재하게 되었는지가 아니라 그것들이 존재하는 목적이 강조되고 있다.

2천 년 전에 광대한 로마 제국의 한 귀퉁이에 위치한 이름 없는 시골 마을에서 예수와 그의 제자들 사이에 오갔던 이 대화에는 경외감을 불러일으키는 요소들이 있다. 그날 한 무리의 제자들에게 이 말을 전한 사람은 바로 만물이 그를 통해 존재하게 된, 말씀이신 창조주 자신이셨다. 그가 언급하고 계시는 태양계를 건설하고 창조하신 이가 바로 그 자신이셨다. 거대한 원자로가 궤도도 없이 우주 공간 속에서 회전하게 함으로써 주변의 시공간을 휘어지게 만들고, 지구가 자기 궤도에 놓이게 한 후에 그것에 빛과 열을 내리쬔다는 발상은 하나님이신 그분에게서 나온 것이었다. 빛의 근원을 세상 바깥에 둔다는 것도 그분의 생각이었는데, 그 세상에는 후에 그의 최고의 작품, 곧 자신의 형상대로 만들어진 남자와 여자가 살게 될 것이다. 그리고 지금 이 장면에서 창조주인 그는 자신이 특별히 설계하신 지구 위에서 자신이 창조하신 피조물인 일단의 인간들에게 자신이 왜 태양계를 그런 식으로 조성했는지 설명해주고 계신다. 나는 우리가 이 말에 귀 기울여야 한다고 생각한

최초의
7일

다. 그렇지 않은가?

제자들은 예수를 따라 유대로 돌아가는 것이 자살 행위이며, 지금 있는 곳에 그대로 머물러 있어야만 안전할 것이라고 생각했다. 그들에게 이것은 단순하고 논리적인 추론이었다. 제자들은 예루살렘 당국자들이 예수를 잡으려고 벼르고 있는 상황에서 그들에게 가장 안전한 장소는 수도에서 최대한 멀리 떨어진 변방 지역이라고 생각했다. 물론 이런 생각은 그들의 머리에서 나온 것이었다. 다시 말해 그들은 그들 안에 거하는 빛의 근원에 의존하고 있었다. 그러나 그들은 시골길을 걸을 때는 그렇게 하지 않았다. 그들은 태양이라는 외부의 빛에 의존하여 낮에 다니곤 했다. 그들 안에는 빛이 없기 때문에 밤에 다니면 걸려 넘어지고 길을 찾지 못할 것이기 때문이었다. 오늘날 우리는 어떤 해양 생물들이 자신들 몸 안에 빛을 가지고 있다는 사실을 알고 있지만 아마도 그들은 알지 못했을 것이다. 예를 들어 생체 발광 물고기[14]는 화학적 수단에 의해 빛을 만들어내며, 그들 중 일부는 자신이 만들어낸 빛을 이용하여 길을 찾는다. 하지만 인간은 그런 식으로 만들어지지 않았다. 그들이 의존하는 빛의 근원은 자신들 안에 있지 않을 뿐 아니라 그들의 세상 안에도 없다.[15] 지구는 빛과 열 그리고 에너지를 제공하는 태양으로부터 1억5천만 킬로미터 떨어져서 그 주위를 돌도록 의도적으로 설계되었다.

물론 여기서 예수는 지구를 조명하는 방식을 전혀 다른 차원의 무언가에 대한 강력한 비유로 이용하고 있다. 그는 자기 제자들이 태양을 관찰함으로써 단순하고 심오한 진리를 추론하도록 기대하셨다. 만일 그들이 물리적 영역에서 자신들 외부에 위치한 빛에 불가피하게 의존해야만 한다면, 지적·영적·도덕적 영역에서는 어떠하겠는가? 그들의 통찰력과 답변들의 근원은 어디에 있는가? 그들의 머릿속에 있는가, 아니면 밖에 있는가?

이 질문은 지금도 여전히 유효하다. 유신론적 세계관과 자연주의적 세계관 간의 전투는 우리의 길을 인도해줄 "바깥 세상"이 존재하는가의 여부에 관한 것이다. 무신론자에게 우주란 기초 물리학과 화학, 물질과 에너지의 측면에서 보자면 궁극적으로 자명한(self-explanatory) 인과관계로 이루어진 닫힌 시스템이다. 무신론자에게 지혜의 유일한 근원은 자신의 머릿속에 있다.

이와 대조적으로 성서적 유신론자에게 우주란 자존하지도 않고 자명하지도 않은 열린 시스템이다. 지혜의 근원은 전체 시스템 바깥에 존재하는데, 그 근원은 바로 하나님이시다. 말하자면 지구가 빛을 외부의 태양에 의존하기 때문에 그 빛이 없으면 우리는 지구조차도 제대로 볼 수 없는 것처럼, 보다 높은 차원에서 하나님을 배제한 우주와 인간에 대한 어떤 최종적인 설명도 어둠 속으로 빠져들고 말 것이다. 이런 이유로 생명의 존재를 순전히 무생물의 관점에서, 의식을 무의식의 관점에서, 합리성을 불합리성의 관점에서, 인간을 순전히 동물의 관점에서, 도덕을 고통과 쾌락의 요구라는 관점에서 설명하려는 자연주의도 결국은 실패할 수밖에 없다. 계몽주의의 슬픈 아이러니는 그것이 인간의 이성을 최종 판정자로 세움으로써 빛을 인간의 내부에 위치시킨다는 것이다.

철학 문제는 이쯤에서 마무리하기로 하자. 어쨌거나 빛과 태양에 관한 예수의 말씀은 과학자들이나 철학자들에게 하신 것이 아니라 육신의 안전을 염려하는 한 무리의 평범한 사람들에게 하신 것이었다. 이 교훈은 일차적으로 그들을 위한 것이었다. 그들은 아마도 예수가 이미 가르치셨던 무언가를 잊어버린 것 같다. 예수는 이전에 예루살렘을 방문했을 때도 빛에 대해 또 다른 심원한 진술을 남기셨다. "나는 세상의 빛이다. 누구든지 나를 따르는 자는 어둠 속을 걷지 않고 생명의 빛을 가지게 될 것이다"(요 8:12). 달리 표현하자면 예수 자신이 빛의 근원이시다. 그것도 단순히 어떤 종류의 빛의 근원이기만 한 것이 아니라, 세상을 위한 "**바로 그**" 빛의 근원이시다. 이것은 후에 등장하는 그의 다음과 같은 주장에 필적하는 놀라운 진술이다. "나는…바로 '그' 진리다"(요 14:6). 나와 같은 과학자들은 흔히 어떤 문제(종종 아주 모호한 문제)를 해결하는 과정의 어느 부분에서 적어도 우리가 약간의 빛을 비춰주었고, 결과적으로 지식의 토대를 다소 넓혔다고 생각하기를 좋아한다. 물론 몇몇 과학자들은 인류가 안고 있는 까다로운 문제들을 해결하는 데 빛을 비춰주기도 했는데, 이를테면 페니실린의 발견과 같은 해법들은 많은 유익을 가져다준 것이 사실이다. 그러나 정신이 온전한 과학자라면 꿈에라도 자신이 바로 그 빛이라고 주장하지 못할 것이다.

예수는 그렇게 주장하셨다. 그리고 자신의 삶과 죽음 그리고 부활을 통해 그 주장이 진실임을 증명하셨다.

게다가 예수는 빛의 근원이신 자신이 "**움직이는**" 존재라는 사실을 암시하신다. 만일 빛이 움직인다면 우리가 그 빛을 통해 유익을 얻기 위해서는 그 빛을 따라가야 한다는 것은 자명한 이치다. 그리스도도 마찬가지다. 우리가 그의 빛 안에 머물고 그 빛이 우리의 길을 비추게 하려면 우리는 그와 보조를 맞춰야 한다. "누구든지 나를 따르는 자는 생명의 빛을 지닐 것이다."

제자들에 대한 도전은 명확했다. 그들 머릿속에 있는 빛은 그들이 어둠 속으로, 아마도 죽음으로 걸어 들어가고 있다고 그들에게 말한다. 그러나 예수는 그들이 그들 외부에 있는 움직이는 빛인 자신을 따른다면, 그 예수가 바로 생명의 빛임을 발견할 것이라고 말씀하신다. 그들이 당시에 이 말씀을 얼마나 이해했는지 우리는 알 수 없으며, 다만 그들이 예수를 따랐다는 것만 알 뿐이다. 우리는 도마가 마지못해 비관적인 태도로 예수를 따라갔다는 것도 알고 있다. "우리도 그와 함께 죽으러 가자"(요 11:16). 어쨌든 그들은 따라갔고, 그것은 잘한 일이었다.

이 여정은 베다니의 무덤으로 이어졌는데 그곳에는 죽은 지 이미 4일이 된 나사로가 중동식 무덤에 장사되어 뉘여 있었고, 그의 누이들이 애곡하고 있었다. 예수는 마르다에게 그녀의 오라비 나사로가 다시 살아날 거라고 선언하셨다. 그녀는 그가 마지막 날 최후의 부활 때 다시 일어날 것을 전적으로 고대한다고 대답했다. 이에 대해 예수는 더 놀라운 말로 답변하신다. "내가 바로 그 부활이고 바로 그 생명이다. 누구든지 나를 믿는 자는 비록 죽어도 살 것이고, 살아서 나를 믿는 모든 사람은 결코 죽지 않을 것이다. 너는 이것을 믿느냐?"(요 11:25-26) 그녀는 놀라울 정도로 침착하게 대답했다. "예, 주님. 저는 주님이 그리스도, 곧 세상에 오시는 하나님의 아들이심을 믿습니다"(요 11:27).

머지않아 그녀의 믿음이 헛된 것이 아니었음이 입증되었다. 예수는 악취가 심할 것이라는 마르다의 현실적인 항의를 무시하고서 무덤의 입구를 막고 있던 돌을 치우라고 지시하셨다. 그러고 나서 그는 나사로에게 나오라고 명령하셨다. 그러자 수의로 싸여 있던 나사로는 예수의 명령에 순종했다. 이렇게 예수는 바로 자신이 부활이요 생명이라는 주장을 극적으로 입증하셨다. 그것은 제자들로 하여금 죽음을 다른 각도에서 바라보게 만들었다. 그들이 추종하는 예수는 죽음을 다스릴 권세를 가지고 계셨던 것이다. 그들은 이제 다시는 죽음을 이전과 같은 방식으로 생각하지 않을 것이다. 우리도 마찬가지다.

그러나 이 사건에는 또 다른 측면이 있었다. 그 자매들은 자기 가족에 대한 예수의 사랑에 의지하여 전갈을 보냈다. 그들은 예수가 와서 나사로를 치료하시리라고 생각했다. 그리고 그가 늦게 오시자 그들은 어느 정도 불평을 했다. "주님, 주님이 이곳에 계셨더라면 제 오라비가 죽지 않았을 것입니다"(요 11:21, 32). 그들 역시 자기들 안에 있는 빛에 의존하고 있었으며, 그로 인해 그들은 자신들에 대한 예수의 사랑을 의심할 뻔했다. 우리에게 닥치는 여러 가지 문제들로 인해 우리도 종종 그런 상황에 처하게 된다. 우리는 때로 이성의 힘을 사용하여 우리 앞에 발생한 일을 이해하려다 실패하곤 한다. 우리는 밖으로부터의 빛을 필요로 한다.

물론 이 문제에 답하는 것은 쉬운 일이 아니다. 다만 무신론에는 희망이 없다는 한 가지 사실만은 분명하다. 무신론은 죽음을 밝혀줄 빛을 가지고 있지 않다. 무신론자에게 죽음이란 궁극적인 어둠이다. 그러나 그리스도는 죽음이 끝이 아님을 보여주셨다. 그가 나사로를 일으키셨다는 사실보다 더 확실한 증거가 있는데, 바로 그 자신이 3일째에 다시 살아나서 많은 증인들 앞에 나타나셨다는 것이다(고전 15:1-11).

## 피조물의 선함

창세기 1장을 읽으면서 우리는 "그리고 그것이 하나님 보시기에 좋았다"(1:4, 10, 12, 18, 21, 25)라는 후렴구가 계속되고, 이 후렴구가 "그리고 하나님이 자신이 만드신 모든 것을 보시니 매우 좋았다"(1:31)라는 여섯째 날의 최종 평가에서 절정을 이룬다는 사실에 주목할 필요가 있다. 하나님은 자신이 만든 작품에 관심이 없는 냉담한 이신론적 존재가 아니다. 그는 자신의 작품이 단계적으로 형태를 갖추고 조성되어갈수록 자신이 의도하신 영광스러운 목적에 완벽하게 일치해가는 것을 가까이서 바라보시면서 자신의 작업에 대해 기뻐하는 숙련된 장인의 열정과 기쁨을 가지고 자신의 피조물을 대하신다.

유감스럽게도 얼마 지나지 않아 최초의 인간이 보다 높은 수준의 도덕적 선을 이루는 데 실패하고 죄가 세상에 들어와 끝없는 재앙을 초래함에 따라, 피조물의 본래적인 조화가 망가지게 되었다. 그 도덕적 감염은 매우 심각해서 남자와 여자를 그들의 창조주와 다시 교제할 수 있도록 회복시키는 일은 창조보다 훨씬 더 큰 무언가를 필요로 했다. 바로 창조주가 인간이 되어 자신의 피조물들의 손에 죽임을 당한 후에 죄와 죽음을 이기고 다시 살아나셔야 했다.

그렇지만 태초에는 모든 것이 완벽했다. 이것은 물질이 본질적으로 악하다고 여기고 이로부터 완전히 벗어나는 것이 지혜로운 일이라고 주장하는 범신론적 철학자들의 세상과는 전혀 다르다. 실로 물질계의 피조물이 본래 완벽했던 것처럼, 장차 어느 날엔가 새로운 창조가 일어나면 새 하늘과 새 땅은 (본래의 창조와 마찬가지로) 완벽할 것이며, 그

안에 의로움이 거할 것이다(벧후 3:13; 계 21장).

또한 하나님이 인간에게 그때까지 선한 창조세계를 돌볼 책임을 위임하셨다는 사실은 창조세계에 대한 청지기로서 하나님을 향한 우리의 책임을 상기시킨다. 창조세계는 우리의 재산이 아니라 하나님의 소유이며, 우리에게는 이를 남용하거나 낭비하거나 망칠 자유가 없다. 하나님은 땅에 대한 우리의 태도를 심각하게 다루시며, 날이 이르면 땅을 파괴한 자들을 심판하실 것이다(계 11:18b).

## 안식일

창세기 1장은 훨씬 더 많은 것을 가르쳐주지만, 여기서는 안식일에 대한 몇 마디의 논평으로 마무리하는 것이 적절할 것이다. 레온 카스(Leon Kass)는 메소포타미아인들과 바빌로니아인들이 달의 변화와 관련된 7일 주기를 가지고 있었음을 상기시켜준다. 그들은 자신들의 사바투(*sabattu*)를 가지고 있었는데, 이날은 보름달이 뜨는 날로서 금식과 불운의 날이었다.[16) "이에 반해 이스라엘 자손들에게 일곱째 날은 (창조주가 "하늘들"도 만드셨다는 사실을 제외하고서는) 하늘과는 전혀 관련이 없다. 안식일은 천체의 주기로부터 완전히 분리된 달력을 확립했고,[17) 천체들의 끊임없는 움직임을 초월하여 존재하는 그들의 창조주를 기념했다."[18) 따라서 안식일 제도는 상존하는 위험, 곧 인간이 창조주보다 피조물에게 더 복종하게 되는 위험을 상기시키는 역할을 했을 것이다(롬 1:25).

신약성서는 안식일을 몇 가지 문맥에서 언급한다. 여기서는 안식일 개념이 흔히 오해되는 기독교의 근본 교리 중 하나를 이해하는 데 도움을 주고 있는 한 구절만을 선택하여 다루고자 한다. 히브리서 저자는 창세기 1장에 나오는 안식일 구절을 인용하여 안식의 성격에 대해 길게 논의한 뒤에 다음과 같이 마무리한다. "하나님의 백성들에게는 안식일의 쉼이 남아 있다. 하나님의 안식에 들어간 자는 누구든지 자신의 일로부터 쉼을 얻을 것인데, 이는 마치 하나님이 자기 일로부터 안식하셨던 것과 같다"(히 4:9-10).

여기서도 성서 저자는 다시 창세기의 개념을 보다 깊은 차원에서의 무언가 실제적인 것에 대한 비유로 사용한다. 이 구절에서 "하나님의 일"은 하나님이 일곱째 날에 안식하시기 이전까지의 창조 사역을 일컫는다. 하나님은 창조 사역을 수행하셨고 그로부터 쉬셨다. 우리는 우리가 창조하지 않은 우주를 물려받은 것이다.

특히 우리 과학자들은 때때로 이 사실을 상기할 필요가 있다. 우리가 우주를 그곳에 둔 것이 아니다. 우리가 과학 연구의 대상들을 창조한 것이 아니며, 우리는 단지 주어진 무언가를 연구할 뿐이다. 이러한 사실은 단순하면서도 중요하다. 예를 들어 이것은 우리가 머릿속에서 우주가 어떻게 작동해야 하는지 결정하고 우주에게 이를 준수하라고 강제하는 것이 아니라, 오히려 우주가 어떻게 작동하는지에 관한 우리의 관념을 형성하는 것이 우주 자체임을 의미한다. 우리 모두는 이러한 사실과 그것이 담고 있는 일반 원칙을 상기할 필요가 있다. 영국 랍비의 수장인 조너선 색스(Jonathan Sacks)는 안식일에 대해 이렇게 썼다. "이날 우리는 자연에 대한 우리의 간섭과 우리의 경제 활동에 한계를 두면서 우리가 창조주가 아니라 피조물임을 의식하게 된다. 땅은 우리 것이 아니라 하나님의 것이다.…안식일은 자연의 통일성과 인간적인 분투의 한계를 매주 상기시켜주는 날이다."[19]

히브리서의 구절이 관심을 갖는 것은 이러한 "인간적 분투의 한계"다. 우리 모두는 휴식을 갈망한다. 단순히 정기적으로 휴식과 회복의 날을 갖거나 또는 절실하게 기다리던 휴가를 떠나는 것만으로 족한 것이 아니라, 성취를 향한 끊임없는 압박으로부터의 휴식이 필요하다. 이러한 압박은 사람들을 일중독에 빠뜨리기도 하는데, 그들은 도달할 수 없는 목표를 세우고서 그 목표를 성취하는 것이 자신에게 영속적인 중요성을 부여하리라는 헛된 희망을 품곤 한다. 그런데 우리를 쉬지 못하게 만드는 또 다른 요인들이 있다. 고독, 깨어진 관계, 좌절, 채워지지 않는 욕구, 죄책감, 고통, 질병, 상처, 가족과 친구라는 짐, 그리고 다른 많은 것들이 여기에 해당한다. 우리는 쉬지 못하는 존재들이다. 이미 오래전에 히포의 아우구스티누스는 그 이유를 찾기 위해 창조로 거슬러 올라갔다. "주님, 당신은 자신을 위해 우리를 만드셨습니다. 그래서 우리가 주님 안에서 안식을 얻을 때까지 우리의 마음은 쉬지 못합니다."[20]

아우구스티누스는 확실히 이 문제에 대해 예수 자신에 의해 주어진 해답을 생각하고 있었다. "수고하고 무거운 짐 진 자들아, 모두 내게 오라. 그러면 내가 네게 쉼을 주겠다. 내 멍에를 메고 내게서 배우라. 왜냐하면 나는 온화하고 마음이 겸손하기 때문이다. 그러면 네 영혼이 쉼을 찾게 될 것이다. 왜냐하면 내 멍에는 쉽고 내 짐은 가볍기 때문이다"(마 11:28-30).

예수는 분명한 말로 우리를 초대하신다. 그 휴식은 우리가 그에게 나아가서 그가 "내 멍에"라고 부르신 것을 받아들이기로 결정할 때, 다시 말해 그의 권위와 지도를 받아들일 때 찾아온다. 기독교의 핵심은 예수 그리스도를 기꺼이 주와 구주로 신뢰하고, 그를 통해 죄를 용서받고 하나님과 화평을 누리고자 하는 태도에 있다. 문제는 성취와 공로가 가장 중요한 덕목인 세상에서, 하나님의 용서와 평안이 우리의 행위와 노력 또는 공로에 의해서가 아니라 값없는 선물로 주어져야 한다는 생각을 우리가 받아들이는 것이 쉽지 않다는 점이다.

그런 맥락에서 히브리서는 안식 개념이 우리에게 도움을 줄 수 있다고 말한다. 7일 중에 하루를 쉰다는 것이 중요한 것이 아니라, 그 저변에 자리 잡고 있는 원리를 이해하는 것이 중요한 것이다. 하나님은 우주 창조라는 사역을 수행하셨으며, 그러고 나서 쉬셨다. 우리는 우리의 행위와 공로로 획득한 것이 아닌 피조물을 물려받았다. 그런 의미에서 우리는 하나님이 행하신 사역 안에서 쉼을 누리는 것이다. 하나님의 "영적" 휴식에 들어가는 일—그의 용서와 구원과 평화를 누리는 일—도 정확히 동일한 방식으로 진행된다. 하나님은 구원의 근거가 되는 사역, 즉 인류의 죄를 대속하기 위해 예수가 십자가 위에서 죽임을 당하도록 하는 사역을 완수하셨다. 우리가 하나님의 안식에 들어가기 위해서는 우리의 행위가 아니라 그리스도가 하신 일에 의지해야 한다. 바울은 이러한 원리를 아주 분명하게 밝히고 있다. "이제 일하는 사람에게는 그의 삯이 선물이 아니라 그가 마땅히 받을 것으로 여겨진다. 반면에 일을 하지 않았음에도 경건하지 않은 자를 의롭다 하시는 이를 믿는 자에게는, 그의 믿음이 의로 여겨진다"(롬 4:4-5).

# 처음으로 돌아가기: 사적인 논평

내가 결혼한 지도 벌써 40년이 더 되었다. 우리의 결혼식 때 샐리 (Sally)와 나에게 주례사를 해주신 분은 아주 특별한 분이었다. 젊었을 적에 그는 장터에서 마주치는 모든 사람과 싸움을 마다하지 않았던 헤비급 복서였다. 그러나 그리스도인이 되고 나서 그의 삶은 전혀 다른 모습으로 변화되었다. 그는 성인이 되어서 다시 학교에 들어갔고 아이들과 나란히 앉아서 교과과정을 따라잡기 위해 노력했다. 그는 놀라운 기억력을 가지고 있었고 성서에 대해 백과사전적 지식을 쌓아갔는데, 나중에 조선소 노동자에서부터 케임브리지 학생에 이르기까지 모든 사람에게 기독교 신앙을 소개할 때 이 지식을 매우 효과적으로 사용했다. 그의 솔직함과 정직성으로 인해 모든 사람들이 그를 사랑했다. 그의 이름은 스탠 포드(Stan Ford)였다.

그의 주례사는 다음 구절을 본문으로 한 것이었다. "태초에 하나님이 하늘과 땅을 만드셨다." 스탠은 배움을 존중하는 사람이었지만 과학자는 아니었다. 그러나 그날 그가 전하고자 했던 요점은 우리의 결혼 생활 전체에 지대한 영향을 끼쳤다. 그날 그는 "태초에 하나님이…"라는 창세기의 첫 두 단어를 토대로 결혼이 새로운 시작이며, 앞으로도 많은 시작들이 있을 것이라고 말했다. 그는 이 모든 새로운 시작들의 기초에 하나님이 계셔야 한다는 점을 강조했다. 우리는 그의 말이 옳았음을 지금까지 증명해왔다. 하나님을 배제한 채 무엇을 시작할 수 있겠는가? 하나님이 없이는 우주 자체도 시작될 수 없었다.

이 말이 지나치게 설교처럼 들리더라도 너그럽게 봐주기 바란다.

우리도 과학이나 축구를 열정적으로 옹호하는 팬들에 대해 비판적인 자세를 취하지는 않는다. 나는 어떤 경우에도 나의 견해가 해악을 끼칠 거라고 생각하지는 않는다. 창세기 1장에 등장하는 날들의 의미를 붙들고 씨름하는 것과 창세기의 전체 메시지를 이해하고 삶에 적용하는 것은 별개의 문제다. 그리고 만일 우리가 창세기의 메시지를 삶에 적용하지 않는다면 날들의 의미를 붙잡고 씨름하는 일이 무슨 유익을 줄 수 있겠는가.

생각해보면 나는 스탠에게 날들의 의미에 관해 질문한 적이 없다. 이제는 물을 수도 없다. 그런데 아이러니하게도 그는 내가 이생에서 이 주제에 대해 알고 있는, 그리고 알게 될 것보다 훨씬 더 많은 것을 알고 있었다.

그렇다면 우리가 어떤 견해를 가지고 있든지 우리의 견해에 동의하지 않는 사람들에 대해 어떤 태도를 취해야 하는가? 다음과 같은 오래된 격언이 우리에게 어느 정도는 해답이 될 것 같다. "본질에서는 일치를, 본질이 아닌 것에서는 자유를, 그리고 모든 것에 관용을."

참으로 우리는 그 모든 문제들에도 쉼을 허락해주어야 한다. 지금이야말로 안식이 필요한 때다!

# 창세기에 대한 간략한 배경 설명

창세기는 원래 히브리어로 기록되었으며, 히브리어 제목은 텍스트의
첫 단어인 "베레쉬트"(*berešʼit*)에서 유래한 것인데, 이 단어는 "처음에"
(In the beginning)라는 뜻을 가지고 있다.[1] "창세기"(Genesis; 그리스어
로 "기원"을 의미)라는 제목은 고대에 이 책을 그리스어로 번역한 자들
이 붙인 것이다.

저명한 히브리어 학자인 에드워드 J. 영(Edward J. Young)은 창세기
가 연속되는 사건을 묘사하는 산문 내러티브(prose narrative)의 특징
을 갖는다고 말한다. 창세기는 히브리 시의 주요 특징인 2행 대구법, 즉
한 행에서 주제를 진술하고 이어지는 행에서 다른 용어로 그것을 반복
하는 수사법을 사용하지 않는다. 예를 들어 다음과 같은 병행법이 창세
기에서는 발견되지 않는다.

주여, 내가 주께 부르짖나이다.
그리고 내가 주께 자비를 구하나이다(시 30:8).

또한 에드워드 영은 창세기 1장이 산문으로서는 이례적인 특징을

보인다고 지적한다. 이를테면 창세기 1장에는 "그리고 그것이 하나님 보시기에 좋았다"와 같이 반복되는 후렴구나 "그리고 하나님이 말씀하셨다", "~이 있으라", "그리고 그대로 되었다"와 같은 표현들이 반복적으로 등장한다. 따라서 우리는 창세기가 산문의 틀을 벗어나지 않으면서도 기억에 도움을 주기 위해 "어느 정도 시적인 정취를 담은 고양된 언어"를 사용하고 있다는 인상을 받게 된다. 실로 위에 언급된 구절들은 확실히 물질적 우주 자체의 창조 및 조성에 관한 산문적인 사실 진술을 도입하는 역할을 하고 있다.

창세기 1장의 문학 장르에 관해 콜린스(C. John Collins)는 이렇게 말한다. "우리는 이 구절을 내러티브라 부르는데, 본문이 '와우 접속법' (waw consecutive; wayyiqtol)[2]을 두드러지게 사용하여 연속적인 사건을 묘사하기 때문에 이를 내러티브라고 부르는 것은 적절하다. 그러나 창세기 1장은 참으로 이례적인 내러티브임을 인정해야 한다. 묘사된 독특한 사건들, 그리고 하나님 외에 다른 행위자가 없다는 사실 때문만이 아니라, 고도로 양식화된 방식으로 이 모든 것을 말하기 때문이기도 하다."[3]

창세기 텍스트는 고대 근동에서 나왔으며, 따라서 당시의 문헌 및 문화에 대한 지식을 갖추면 텍스트에 대한 이해도 더욱 풍부해질 것이다. 그런데 구체적으로 어떤 문화, 어떤 시기를 살펴보아야 하는가? 창세기는 고대 근동 가운데 메소포타미아에 위치한 거대 도시들의 설립에 대해 말할 뿐 아니라, 아브라함이 갈대아 우르에서 가나안으로 이동하여 그곳에서 가족을 이루어 생활하다가 뒤이어 이집트로 이동하는 과정을 묘사한다. 따라서 메소포타미아, 가나안, 그리고 이집트의 문화가 창세기의 배경이 된다. 비록 창세기에 이름이 언급되지는 않지만, 전통적으로 모세가 이 책의 저자로 간주된다. 창세기는 흔히 "모세의 첫 번째 책"[4]으로 불린다. 이는 창세기가 기원전 15-13세기 무렵에 기록되었음을 의미한다.

창세기를 만들어낸 문화에 속한 사람들에게 창세기 텍스트가 어떻게 이해되었는가라는 질문과 관련하여, 그들이 창세기를 역사적 자료로 받아들였다는 신구약 성서의 증거가 존재한다. 유대인 역사가 요세푸스(Josephus)는 기원후 110년경에 기록된 유명한 『유대고대사』(Jewish Antiquities) 서문에서 그가 "주의 깊게 연구된 역사에 관한 사실적 설명"과 "설화 및 의도적 재구성" 간의 차이를 분명히 알고 있었음을 보여준다.

이 점에서 창세기 기사를 동시대의 문화에서 생성된 문헌들과 비교해보는 일은 아주 흥미롭다. 중요한 예 중 하나는 바빌로니아의 서사시인 「에누마 엘리쉬」(Enuma Elish)인데, 고대 근동 학자 K. A. 키친(K. A. Kitchen)[5]에 의하면 그 제목은 "높은 곳에서 그때"(When on high)를 의미한다. 이것은 고바빌로니아 시대[6](기원전 제2천년기)에 기록되기 시작하여 기원전 1000년경에 완성된 이 서사시의 처음 두 단어를 번역한 것이기도 하다. 「에누마 엘리쉬」는 바빌로니아인들 사이에서 문화적으로 상당히 중요한 서사시였는데, 매년 열리는 신년 축제 가운데 4일째의 주된 행사는 제사장들이 이 서사시를 낭송하는 것이었다. 그러나 「에누마 엘리쉬」는 창조에 대한 설명이라기보다는 바빌로니아 신들 간의 전쟁 이야기다. 이 서사시는 마르둑(Marduk)이라는 신이 어떻게 패권을 쥐게 되었는가를 설명하는데, 창조는 그가 치른 전투의 부

최초의
7일

산물이다. 마르둑은 여신 티아마트(Ti'amat)를 물리쳤으며, 그녀의 시신을 둘로 나누었다. 그는 이 시신의 한쪽으로 땅을 만들고, 다른 한쪽으로 하늘을 만들었다. 이처럼 바빌로니아 기사에서 창조는 부차적인 사건이며 신들과 그들의 전쟁이 중심 무대를 차지한다.[7] 이 서사시의 처음 몇 줄을 살펴보자.

> Enuma Elish la nabu shamanu...
> 높은 곳에서 하늘이 아직 이름을 갖지 않았을 때
> 낮은 곳에서 단단한 땅이 아직 그 이름으로 불리지 않았을 때
> 무(naught)인 동시에 근원인 압수(Apsu)가 그것들을 낳았다.
> (그리고) 뭄무(Mummu)[그리고?] 티아마트, 그들 모두를 낳은 그녀가,
> 그들의 물들은 하나의 몸체로 섞여 있었다.
> 어떤 갈대 오두막도 엮이지 않았고, 어떤 습지도 나타나지 않았다;
> 어떤 신도 존재하지 않았을 때,
> 이름이 불려지지 않고 그들의 운명이 결정되지 않았을 때-
> 바로 그때 그들 안에서 신들이 형성되었다…[8]

창세기 기사와 「에누마 엘리쉬」 간에 존재하는 다음과 같은 유사성이 사람들의 관심을 끌었다. 예컨대 「에누마 엘리쉬」는 7개의 판(tablet)에 기록되었으며, 창세기 기사는 7일에 대해 말한다. 하늘, 바다, 땅이라는 창조 순서도 비슷하다. 그리고 인간이 여섯째 날에 창조된 것과 마찬가지로 「에누마 엘리쉬」에서는 여섯째 판에 인간 창조를 기록하고 있다.

이러한 일치로 인해 일부 학자들은 창세기 기사가 바빌로니아의 「에누마 엘리쉬」에서 유래한 것이라고 추정한다(그리고 이와 유사하게, 창세기의 홍수 기사는 「길가메시」와 「아트라하시스」[9]라는 서사시에서 유래했다고 추정한다). 그들은 하나님이 최초의 혼돈을 질서 잡힌 우주(Cosmos)로 변화시켰다는 개념이 우주의 초기 상태로의 퇴행을 의미할 뿐 아니라 신들에 대항하여 전투를 벌였던 원시의 혼돈스러운 힘에 관한 신화들로의 퇴행을 의미한다고 생각한다. 심지어 어떤 이들은 이러한 의존성들이 창세기가 상대적으로 늦은 시기에, 구체적으로는 기원전 6세기에 유대인들이 바빌론으로 추방되었던 시기에 저술되었다는 증거라고 주장한다.[10]

그러나 많은 학자들은 표면상의 유사성이 그보다 훨씬 중요한 차이점들을 가리고 있다는 점을 지적한다. 가장 두드러진 차이점은 창세기에 바빌로니아 서사시의 중심 주제인 신들의 계보(theogony), 즉 고대 근동 신화의 보편적인 특징 중 하나인 신들의 기원에 대한 설명이 없다는 사실이다.[11] 창세기의 하나님은 바빌로니아의 신들과는 전혀 다른 분이다. 하나님은 이방 종교의 신들처럼 우주에 의해 창조된 것이 아니라 오히려 그 반대다. 창세기의 하나님은 창조된 하나님이 아니며, 그 자신이 우주의 창조주시다.

더욱이 창세기에 의하면 인간은 창조의 정점으로서 하나님의 형상으로 창조되었다. "우리의 모양대로 사람을 만들자." 반면에 「에누마 엘리쉬」에 의하면 인간은 신들의 노역을 경감시키기 위해 창조된 존재다.

나는 미개한 존재(lullu)를 만들 것인데, 그 이름은 '인간'이 될 것이다.

참으로, 나는 미개한 인간을 창조할 것이다.

그들에게는 신들을 섬기는 일이 맡겨질 것이다.

그래서 신들이 쉴 수 있도록 말이다.[12)]

메소포타미아 신화와는 대조적으로 창세기에는 전쟁을 벌이는 복수의 신들과 여신들이 등장하지 않는다. 하늘과 땅이 특정한 신으로부터 만들어졌다고 말하지 않으며 신화적인 짐승들도 등장하지 않는다. 또 한 가지 현저한 점은 별들, 행성들, 태양, 그리고 달을 신격화하지 않는다는 것이다. 심지어 창세기 1장에는 태양과 달이라는 이름도 등장하지 않는다.

창세기가 우리에게 소개해주는 우주는 신화적 구조물이 아니다. 그것은 빛, 하늘, 바다, 땅; 태양, 달, 별; 식물, 물고기, 짐승들; 그리고 인간이 거하는 우리에게 익숙한 세계다. 창세기는 세상에서 일어난 실제 사건들에 관심을 가질 뿐이며 신화적 사건들에는 관심을 두지 않는다. 무엇보다 창세기에서는 창조되지 않은 창조주가 모든 것을 다스리시며, 창조의 말씀으로 모든 것이 이루어지게 하신다. 만일 창세기가 흔히 주장되는 것처럼 바빌로니아 기사에 의존한다면, 어떻게 그것이 바빌로니아 기사와 그렇게까지 완전히 다를 수 있는가? 오직 한 분이신 하나님, 자신의 피조물과는 구분되는 창조주가 존재한다는 창세기의 주장은 바빌론과 다른 지역의 다신론적 신화들[13)]의 중심에 놓여 있는 미신적인 우주 해석과는 정면으로 충돌한다. 창세기는 창조세계의 일부가 아닌 최고의 한 분 하나님께 창조 행위를 돌림으로써 그런 다신론들에 대해 근본적으로 이의를 제기한다.[14)] 예를 들어 태양을 신으로

숭배하는 대신에 그것에게 단순한 빛의 전달자라는 초라한 역할만을 부여함으로써 창세기는 요셉이 한때 다스렸고 모세가 양육되었던 이집트 땅의 신화에 강력하게 도전하는데, 그곳에서는 태양신 라(Ra)가 주신이며 그 이름은 파라오(Pha-ra-oh)라는 통치자의 명칭에도 포함되어 있다.

이처럼 역설적인 상황에 대한 반응 가운데 하나는, 포로로 잡혀온 유대인들을 심하게 괴롭혔던 바빌론의 우상숭배에 대한 저항으로서 본래의 신화적 텍스트가 점진적으로 탈신격화의 과정을 겪은 것이라는 제안이다.[15] 그러나 키친은 이에 동의하지 않는다. "히브리어 성서의 기사가 바빌로니아 전설(창조 기사뿐만 아니라 홍수 기사에도 적용됨)을 정제하고 단순화한 것이라는 보편화된 가정은 방법론적으로 잘못된 것이다. 고대 근동에서는 단순한 기사나 전승이 (첨가나 윤색에 의해) 보다 치밀하고 정교한 전설들로 발전할 수는 있지만, 그 반대는 아니다. 고대 동양에서는 창세기 초반부에 대해 주장되는 것처럼 신화들이 단순화되거나 역사화되는 일이 발생하지 않는다."[16]

어쨌거나 탈신격화는 일어나지 않았다고 말할 수 있는데, 왜냐하면 발생할 이유가 전혀 없었기 때문이다. 무엇보다도 창세기 기사는 다수의 신들을 믿지 않았던 누군가에 의해 기록되었다.

창세기가 이전 신화들에 대한 광범위한 수정 및 재해석이라는 견해는 앨런 밀라드(Alan Millard)에 의해서도 거절되었는데, 그는 대영박물관의 한 서랍장 안에 방치되어 있던 고대 바빌로니아의 홍수 텍스트들을 발견하고 해독하였다. 그는 이렇게 지적한다. "아직까지는 (간접적으로라도) 차용했다는 증거가 발견되지 않았다.…히브리인들이 바빌로니아 텍스트를 차용했다는 의혹을 제기하거나 더 나아가 그렇다고 주장하기 위해서는, 불가피한 대규모의 수정, 변경, 재해석이 다른 고대 근동의 작품이나 히브리 저작물들에 대해 입증될 수 없는 방식으로 행해졌다는 말도 안 되는 가설을 받아들여야만 한다."[17]

보다 최근에 키친은 창세기 1-11장과 고대 근동의 풍부한 문헌 유산 사이에 (창조와 홍수에 대해 언급한다는) 약간의 유사점이 존재하는 것은 사실이지만[18] 창세기와 다른 전통들 사이에는 직접적인 관계가 전혀 없다고 주장한다. "원로 세대 성서학자들의 계속되는 주장에도 불구하고, 「에누마 엘리쉬」와 창세기 1-2장 사이에는 어떤 직접적인 관계도 존재하지 않는다. '테홈'(*tehom/thm*)이라는 단어가 히브리어와 우가리트어(북방 시리아어)에서 공통적으로 발견되기는 하지만 이 단어는 단지 '깊음'이나 '심연'을 의미할 뿐이다. 이것은 「에누마 엘리쉬」에 나오는 여신 티아마트와 같은 신적 존재는 아니다."[19] 다른 저작에서 그는 이렇게 요약한다. "창세기와 「에누마 엘리쉬」 같은 바빌로니아 서사시들 간에 명확한 관계를 확립하고자 했던 과거의 시도는 이제 포기되어야 한다. 양자 간에는 내용, 목적, 신학 및 철학에서 차이가 있으며 아직까지 아무런 연관 관계도 입증되지 않았다."[20]

따라서 우리는 창세기의 연대 문제를 다시 살펴보아야 한다. 키친은 초기 저작설을 지지하는 몇 가닥의 증거들을 제시한다.

1. 창세기 11장에 언급되는 언어의 분열이라는 주제는 아주 오래된 것이다. 이것은 기원전 19/18세기의 수메르 문서에서 기원전 2600년경에 재위했던 한 왕에 대해 언급하는 대목에도 나타난다.

2. 창세기 1-11장에 드러나는 것과 같은 구조는 기원전 1600년 이후의 고
   대 근동에는 알려지지 않은 것이며, 그 이전 시기의 문헌들을 특징짓는
   것이기도 하다.
3. 설형문자의 사용은 메소포타미아, 가나안, 하솔 지역을 넘어 심지어 기
   원전 17세기에는 헤브론에까지 퍼졌다. 따라서 빠르면 그 시기에 창세기
   기사가 기록되었을 수도 있다.

키친은 위의 증거들을 다음과 같이 요약한다.

그러니 창세기 1-11장의 핵심 요소가 이 시기에 서쪽으로 전달되었다는
데에는 어떠한 반론도 제기될 수 없다. 초기 히브리어로 문서화되는 작업
은 이후에 독립적으로 이루어졌을 것이다. 족장들의 전승은 (가족 전승으
로서) 이집트에서 기원전 14/13세기까지 이어져 내려오다가 그때에 최초
로 문서화되었을 수 있다. 메소포타미아에서 위의 기사들이 그들의 문화
에서 가장 오래된 전승이듯이, 창세기 1-11장은 가장 오래된 히브리 전승
단계의 일부다.

구약성서의 창조 기사가 보다 늦게 기록되었다는 주장에 대해 키친
은 이렇게 답변한다.

성서에서 창세기 1-11장의 기사는, 기원전 430년경 바빌론 유수 이후에
역대기 사가에 의해 기록된 것이 분명한─태초로부터 시작하여 기원에 대
해 광범위하게 다루는─또 하나의 히브리 기사와 날카로운 대조를 이룬

최초의
7일

다.…주목할 만한 점은 그 저자가 창조, 타락, 홍수 등에 대해 새롭게 변형된 기사를 제시하지 않고 그 대신 역대상 1장의 처음 부분(1.1-28)에 아담에서 아브라함에 이르기까지의 전체 "역사"를 족보의 형태로만 요약했다는 사실이다. 기원전 19세기와 5세기 사이에는 고대 생활의 다른 부분에서와 마찬가지로 기록 방식에도 근본적인 변화가 일어났다.[21]

주의 깊은 독자는 여기서 다음과 같은 질문을 던질 수도 있다. 모세 시대의 다신론은 결국 포로 시대 이후의 다신론과 별반 다르지 않은데, 창세기 텍스트가 최초로 작성된 시기를 밝히는 것이 실제로 어떤 중요성을 가질 수 있다는 것인가? 우리가 주된 강조점을 (텍스트 자체가 명시적으로 다루지 않는) 다신론이라는 부차적인 문제에 두게 되면, (텍스트가 명시적으로 다루고 있는) 우주의 기원이라는 일차적인 문제에 대해서는 제대로 주의를 기울이지 못할 우려가 있다. 그런가 하면 일부 학자들은 창세기 텍스트를 종종 역사적·과학적 측면과 분리하여 마치 신학적·문학적 측면에서만 고려되어야 하는 것처럼 다루어왔다. 심지어 이 두 가지 측면들이 상호 배타적인 것처럼 취급하기도 한다. 그러나 하나의 텍스트가 객관적 사실을 알려주면서도 동시에 신학적 목적을 가지는 것은 전혀 불가능하지 않다. C. 존 콜린스는 이에 대해 다음과 같이 말한다. "창세기는 우리에게 인류의 과거에 대해 진정한 이야기를 제공해준다."[22]

## 부록 B
## 우주적 성전 견해

창세기 초반부의 장들이 "우주적 성전" 창조와 관련된다는 생각은 여러 학자들에 의해 다양한 형태로 발전되어왔다. 예컨대 고든 웬함(Gordon Wenham)은 에덴동산의 여러 특징이 이후의 성소들, 특히 성막이나 예루살렘 성전에서도 발견된다는 점을 지적한다. 그는 이런 유사점이 "동산 자체가 일종의 성소로 이해된다"[1]는 점을 암시한다고 여긴다. 프레임워크 견해를 취하는 리키 E. 왓츠(Rikki E. Watts)는 구약이 "창조를 묘사할 때 건축에 관한 이미지를 넘치게 사용한다"고 지적한다. (독자들도 우리가 앞에서 땅의 기초나 기둥들과 같은 유명한 표현들을 접했던 것을 기억할 것이다.) 그에 따르면 창세기 1장은 "이스라엘의 신 야웨가 그의 왕궁이자 성전인 창조세계의 건축가로 선포되는 '시적' 설명이다. 자신의 왕적 명령으로 고대 인간의 경험에 근본적인 구조들을 제공하고, 그러한 하위 영역들을 그들의 지배자로 채우고, 무엇보다 자기 형상을 지니고 있는 인간을 자신의 부섭정으로 임명한 것은 바로 야웨였다."[2]

보다 최근에는 존 월튼이 이렇게 말한다. "성전이 하나의 소우주로 간주되었다는 생각이 우주가 하나의 성전으로 간주될 수 있다는 생각으로 발전하는 것은 그리 어려운 일이 아니다."[3]

월튼은 히브리어 전문가지만, 자기 책 중에 1/3을 자신의 연구가 과학과 창세기 기록의 관계에 대해 갖는 의미를 밝히는 데 할애하고 있다. 따라서 나는 (비록 히브리어 전문가는 아니지만) 언어와 논증의 논리에 관심이 많은 과학자로서 월튼의 저작에 대해 몇 가지 논평을 할 용기를 내게 되었다.


## 창세기 1장은 기능적 기원에 대한 설명인가?

월튼의 책에서 내가 특히 관심을 갖는 부분은 "우주와 성전 간에 다소의 일치점이 존재할 수 있다"라는 그의 주장이 아니라, "창세기 1장은 물질의 창조를 다루는 텍스트가 아니며 오히려 우주를 기능상 하나의 성전으로 다루는 설명으로 간주되어야 한다"는 그의 확신이다. 물론 월튼은 우주의 물질적 기원에 하나님이 관여하셨다고 믿는다. 그러나 그가 주장하고자 하는 바는 "창세기 1장은 그런 이야기가 아니라"[4] "기능적 기원"에 대한 설명이라는 것이다. 월튼은 "이론적으로는 두 가지 모두 가능하다"는 점을 인정한다. "그러나 우리가 어떤 대상이 의미 있는 것이라고 말하기 위해서는 반드시 물질적인 해석이 주어져야 한다고 가정하는 것은 문화적 제국주의가 아닌가?"[5]

그런데 그것이 정말로 선행적 "당위"를 말하는 문화적 제국주의에 관한 문제인가? 고대의 독자들이 보편적으로 기능적인 관점에서 생각했다는 견해는 다음과 같은 월튼 자신의 주장과 모순되는 것이다. 그는 이렇게 말한다. "나의 견해는 다른 학자들에 의해 거부된 게 아니라, 단지 다른 학자들이 결코 고려해본 일이 없는 것일 뿐이다. 그들은 물질적 존재론을 맹목적으로 전제하고 있기 때문에 결코 다른 대안을 고려할 수 없었던 것이다."[6] 이것은 아주 놀라운 선언이다. 만일 고대 독자들이 오로지 기능적 관점에서만 생각했다면, 고대 문헌에는 그러한 요소가 넘쳐났을 것이고 학자들도 그에 대해 잘 알고 있었어야 하지 않겠는가?

월튼의 핵심 주장 중 하나는 창세기 1장의 존재론이 물질적이라기보다는 기능적이라는 것이다. 그는 이렇게 주장한다. "고대인들은 어떤 사물이 그 물질적 속성에 의해서가 아니라 질서 정연한 체계 내에서 각자의 기능을 가짐으로써 존재한다고 믿었다. 여기서 내가 말하는 질서 정연한 체계는 과학적 관점이 아니라 인간적 관점, 다시 말해 사회문화적 관점과 관련된 것이다."[7]

월튼은 고대 근동의 기사들에서 이에 대한 증거를 발견할 수 있다고 주장한다. 그러나 부록 A에서 살펴본 것처럼 성서의 기사는 고대 근동의 기사들과 상당히 다른 성격을 가지고 있기 때문에 그의 주장에 얼마나 무게를 두어야 할지는 미지수다. 월튼은 "바라"(bara; "창조하다")라는 히브리어 단어가 갖는 의미에 큰 비중을 두며, 그 단어가 "기능들"과 관련이 있다고 주장한다. 그는 "바라"의 목적어로 사용되는 몇몇 단어를 열거한 후에 별다른 세밀한 분석도 제공하지 않은 채 "이 동사의 문법상 목적어들을 물질적인 측면에서 식별하기가 쉽지 않다"[8]고 주장한다. 그러나 그가 제시한 목록을 살펴보면서 나는 "바라"의 문법상 목적어 가운데 상당수가 물질—특히 창세기에 등장하는—의 측면에서 식별 가능하다는 인상을 받는다.

최초의
7일

창세기 1:1은 하늘과 땅의 창조에 대해 말한다. 여기에는 "사회 및 문화와 관련된" 기능적 차원에 대한 암시가 아무것도 없다. 인간은 아직 창조되지도 않았다. 마찬가지로 창세기 1:21에서는 큰 바다 생물들의 창조에 대해 말하는데, 여기에도 기능적 차원에 대한 암시는 전혀 없다. 창세기 1:27은 인간이 하나님의 형상으로서 남자와 여자로 창조되었다고 말한다. 여기에는 확실히 물질적 차원과 기능적 차원이 공존하는데, 특히 후자는 생육하고 번성하여 땅을 채우고 땅을 정복하라는 후속 명령에서 강조된다. 사실 월튼은 "진화의 과정" 및 역사적 아담과 하와의 창조 사이에 상당한 불연속성이 존재하는 것으로 가정한다.[9] 창세기 2:3은 하나님이 "창조에서 그가 하셨던 모든 일", 다시 말해 세상과 생물 및 인간을 만드시고 그들에게 기능을 부여하시는 것을 포함해 모든 일을 쉬신 것에 대해 언급한다. 창세기 2:4은 기능에 대해 암시하지 않으면서 "주 하나님이 땅과 하늘들을 만드셨던 날"에 대해 또 다시 언급한다. 창세기 5:1은 이렇게 말한다. "이것은 아담의 족보다. 하나님이 인간을 창조하셨을 때, 하나님은 아담을 자신과 같이 만드셨다." 이 문맥은 아담과 그의 물리적 자손인 인류에게 닥친 문제가 기능 때문에 발생했다기보다는 그들이 부분적으로는 영이면서 부분적으로는 육체라는 사실에서 발생했다는 점을 지적한다. 창세기에서 "바라"라는 동사를 마지막으로 언급하는 곳은 6:7인데, 여기서 하나님은 이렇게 말씀하신다. "내가 창조한 인간을 완전히 지워버려야겠다." 이는 바로 물질적인 홍수에 의해 야기된 물리적 죽음에 대한 명확한 언급이다.[10]

따라서 월튼이 제시한 언어적 증거는 그의 주장을 지지하기는커녕 오히려 훼손한다.

이어서 월튼은 "바라"라는 동사가 사용되는 문맥에서 어떤 물질도 언급되지 않는다는 사실에 의해 자신의 주장이 지지된다고 주장한다. 그는 많은 학자들이 이러한 사실을 근거로 여기서 "무로부터의 창조"가 의도되었다고 추론한다는 점—이는 확실히 비합리적이지 않다—을 지적한다. 이어서 그런 결론이 "'창조'가 물질적 활동임을 가정한다"고도 말한다. 그는 계속해서 이렇게 덧붙인다. "만일 위에서 목적어들에 대한 분석을 통해 제시한 것과 같이 "바라"가 기능적 활동을 제안한다면, 여기서 물질들이 사용되었을 것이라는 터무니없는[11] 기대를 해서는 안 될 것이다."[12]

여기서 그의 주장은 논리를 벗어난 것처럼 보인다. 첫째, 바로 앞에서 말한 바와 같이 문법상의 목적어 분석은 월튼의 주장을 지지하는 것 같지 않다. 둘째, "바라"라는 동사와 관련된 물질의 부재는 "그리고 하나님이 말씀하셨다"라는 구절과의 관계 속에서 이해되어야 한다. 이 구절은 반복을 통해 창조 행위가 무엇과 관련되는지 강조하고 있다. "믿음으로 우리는 우주가 하나님의 말씀으로 창조되었으며, 따라서 보이는 것은 볼 수 있는 것들로부터 만들어진 것이 아님을 안다"(히 11:3). 이 텍스트는 철저하게 창세기의 언어로 채색된 장에 등장한다. 히브리서 11장은 창세기에 대한 신약성서의 핵심 설명으로 볼 수 있는데, 그 설명은 맨 먼저 창조를 다룬다.

앞서 지적한 바와 같이 창세기 1장의 요점은 우주가 비가시적이고 실로 비물질적인 하나님의 말씀에 의해 무로부터 창조되었다는 것이다. 이처럼 "바라"와 창세기 1장에 나타난 하나님의 말씀 간에 문맥상의 연결고리가 존재한다는 사실은 창세기 1장과 물질적 기원, 다시 말

해 질료 자체의 기원이 밀접한 관련을 갖는다는 성서적 증거로 보인다.[13)

게다가 신약성서에서 창조 문제를 비중 있게 언급하는 요한복음도 초두의 기사에서 물질적 측면을 중요하게 다룬다. 요한은 하나님의 말씀을 이렇게 기록한다. "모든 것이 그를 통해 만들어졌고, 만들어진 것 중 어느 것도 그가 없이는 만들어지지 않았다"(요 1:3). 앞서 우리는 이 구절에서 "만들어지다"로 번역된 그리스 단어가 "존재하게 되었다"를 의미한다는 점을 지적했다. 결국 여기서는 물질적 존재를 언급한다는 것이다. 요한은 영원하며 결코 (물질적으로) 존재하지 않는 하나님의 말씀을 한시적이며 물질로 존재하는 우주(모든 것)와 대비한다. 따라서 월튼의 결론은 창조에 대한 전체적인 성서 교리에 부합하지 않는다.

## 우주적 성전 비유

내 관심은 주로 창세기 1장에 대한 월튼의 "기능적" 해석이지만, 그의 "우주적 성전" 관점 또한 마음속에 몇 가지 이슈를 제기한다.

먼저 창조의 순서에 대한 창세기 1:23-2:3의 요약적 논평과 출애굽기 39장에 나오는 성막의 완성에 대한 맺음말 사이에 존재하는 유사성이 나의 마음을 끌었다. 로버트 고든(Robert Gordon)은 이 점이 창세기 1-2장에서 하나님을 일꾼으로 묘사했다는 사실에 의해 충분히 설명될 수 있다고 주장한다. 그는 계속해서 이렇게 말한다. "이 유사성에 대한 하나의 설명은 창세기 1-2장에서 창조세계가 하나의 성소로 여겨진다는 것이다. 하나님은 그가 거하시기에 적합한 방식으로 우주를 만드셨는데, 이는 역사 시대에 그가 거하실 장소로 지상에 성막과 성전을 지으신 것과 동일한 맥락이다." 하지만 그는 조심스럽게 다음과 같이 덧붙인다. "창세기의 창조 기사를 그런 식으로 해석하는 것이 구약성서의 성소 전통을 상기시키는 2-3장에는 잘 들어맞을 수 있다.…하지만 1장에서는 그렇게 분명하지가 않다. 창조와 성막 간의 유사성은 창조를 건축으로 다루기 때문일 가능성이 높다."[14]

그러나 월튼은 이렇게 주장한다. "고대의 독자는 주저하지 않고 이는 성전 텍스트이며 일곱째 날이 7일 중 가장 중요한 날이라고 결론 내렸을 것이다. 물질적 관점에서 보면 7이라는 숫자에 별 의미가 없지만, 기능적 관점에서 보면 7이야말로 그것 없이는 다른 어떤 것도 무의미해지는 진정한 정점이다."[15]

고대 독자가 이것을 성전 텍스트로 기록된 창조에 대한 기능적 설명이라고 "주저하지 않고…결론 내렸을 것"이라는 단언은 다음과 같은 점들로 미루어볼 때 지나친 말이다. 그는 고대 독자들이 본능적으로 이렇게 생각했을 것임을 보여주는 어떠한 자료도 인용하지 않았다. 더욱이 그는 어떤 고대 독자들에 대해 말하는 것인가? 성전이라는 단어는 (창세기 1장의) 텍스트에 등장하지 않는데, 이는 부록 A에서 추정하는 이 텍스트의 기록 연대에 비추어볼 때 놀라운 일이 아니다.[16] 우주가 성전으로 생각되어야 했다는 가장 확실한 증거로 월튼이 인용하는 텍스트는 이스라엘 역사에서 훨씬 후대의 작품이다. 그것은 이사야 66:1-2이다.

주께서 이렇게 말씀하신다.

"하늘은 내 보좌이고

땅은 내 발판이다.

네가 나를 위해 짓게 될 집이 무엇이며

내가 쉴 곳이 무엇이냐?

이 모든 것들을 내 손이 만들었고

그래서 이 모든 것들이 존재하게 되었다"라고

주께서 선언하신다.

또한 월튼은 성전을 봉헌할 때 솔로몬이 드린 기도도 인용한다. "그렇지만 하나님께서 참으로 땅 위에 거하시겠습니까? 보십시오, 하늘과 가장 높은 하늘이라도 주님을 담을 수 **없습니다**. 하물며 제가 지은 이 집은 얼마나 더 그러하겠습니까!"(왕상 8:27; 강조는 저자가 덧붙임)[17]

우주를 하나의 성전으로 보는 견해가 고대 근동에 존재했다고 인정한다 해도, 솔로몬의 관점은 하늘들을 하나님이 거하는 성전으로 간주한다기보다는 오히려 정반대 방향으로 나아가는 듯하다. 다시 말해 하늘들은 전능자를 담을 수 없다. 이사야는 정말로 이 텍스트에서 우리가 성전과 우주의 유사성을 이끌어내기를 기대하는 것인가, 아니면 솔로몬처럼 우주가 하나님을 담기에는 너무도 작음을 지적하고 있는 것인가?

이 질문에 대한 답이 무엇이건 나는 이 모든 논의에서 월튼이 물질적 차원을 배제한 것이 상당히 독단적이라고 생각하는데, 왜냐하면 그가 인용하는 병행 텍스트들이 성막과 성전의 기능뿐만 아니라 그것들의 **물리적** 건축 및 거기 관련된 기구들의 제작에도 커다란 중요성을 부여하기 때문이다. 콜린스가 지적했듯이 이러한 사실은 창세기 1장이 물질과 관련이 없다는 월튼의 주장을 약화시킨다.[18]

더욱이 위에서 월튼에 의해 인용된 핵심 텍스트(사 66:1-2)는 "[하나님의] 손"에 의해 하늘과 땅이 만들어졌으며, 그 결과 하늘과 땅이 기능을 부여받은 것이 아니라 존재하게 되었다는 사실을 명시적으로 언급한다.[19]

마지막으로, 창세기 1장은 하나님이 우주적 성전에 거처를 정하시는 데서 정점에 이르는 것이 아니라 하나님의 형상대로 창조된 인간이 땅 위에 하나님의 부섭정으로서 거처를 정하는 데서 정점에 이르는 것처럼 보인다는 점을 지적할 필요가 있다.

## 일곱째 날의 중요성

그런데 월튼은 이렇게 주장한다. "창조 기사에서 최고의 중심 진리는 이 세상이 하나님의 임재를 위한 장소라는 것이다.…우주적 기능을 갖는 성전의 수립은 하나님이 7일 째에 자신의 거처를 그곳에 정하심으로써 완성된다." 그러나 그것이 "가장 중심적인 진리"이기는커녕, 정작 텍스트에는 하나님이 그렇게 하신다는 어떤 암시도 없다. 월튼은 또한 (모셰 바인펠트를 따라) 창세기 1장이 "하나님의 창조와 성전에서의 즉위를 기념하기 위해 해마다 반복되었던, 성전으로서의 우주의 기능적 기원을 노래하는 낭송문"일 수 있다고 제안하면서도, 그러한 제전의 존재 여부에 대한 확실한 증거를 제시하지는 못한다.[20]

월튼의 저술에서 발견되는 당혹스러운 특징 중 하나는 그가 창세기

1장의 날들이 결국 무엇을 나타내는지 설명하지 않는 것처럼 보인다는 점이다.[21] 그는 창세기 1장의 날들이 한 주를 구성하는 24시간으로 이루어진 날들이라고 말하지만,[22] 그의 묘사를 통해서는 어떤 한 주를 말하는지, 그 한 주 동안에 정확히 무슨 일이 일어났는지가 전혀 명확하지 않다. 그는 성전 기사와 관련하여 도처에 7이라는 숫자가 등장한다는 점에 비추어 날들은 "성전의 출범과 관련하여 이해될 수 있을 것"이라고 제안하면서, 그 논거로 "성전은 취임식을 통하여 창조되었다. 마찬가지로 우주적 성전도 취임식을 통하여 제 기능을 하게 되었을(창조되었을) 것이다"라고 주장한다.[23] 그러나 이것이 도대체 무슨 뜻인가? 또 하나님이 이 성전에 거처를 정하신다는 것이 실제로 무엇을 의미하는가?

흥미롭게도 구약성서에는 하나님이 성막과 솔로몬의 성전에 거처를 정하시는 사건을 상세하게 다루는 텍스트들이 존재한다. 그런데 만일 위에 언급한 월튼의 주장이 옳다면, 성서가 이에 대해 상세히 언급하면서도 우주의 기초를 이룰 뿐 아니라 정기적으로 기념된 중요한 의식에 대해 일언반구도 하지 않는다는 것은 이상하지 않은가?

그러나 월튼의 추측과는 달리 성서에는 일곱째 날, 곧 안식일을 하나님이 이스라엘에게 주신 율법의 일부로서 매주 기념했다는 명확한 증거가 있다. 또한 성서는 매주의 안식일 기념과 관련하여 율법이 노동의 중지를 명령하고 있다고 선언한다(출 20:8-11). 이처럼 안식일이 이스라엘에게 물질적인 측면을 강조한다는 점을 고려할 때, 이스라엘 백성이 하나님의 사역에 관한 창세기 1장의 기록에서는 그러한 점을 강조하지 않았다고 생각했다는 월튼의 제안은 받아들이기 어렵다.

더 나아가 하나님의 안식이 우주의 창조와 조직화 기간에 종지부를 찍는다는 사실은 물리적 우주에 관해 과학적으로 심원한 의미를 담고 있을 뿐 아니라 신학적으로도 중요하게 다루어져야 할 주제다. 다시 말해 하나님이 우주를 창조하신 사역과 돌보시는 사역은 동일한 것이 **아니며**, 따라서 현재 진행 중인 물리적 과정을 기준 삼아 과거를 완벽하게 설명해내는 것은 불가능하다.[24]

## 과학적 관점

시대를 막론하고 대부분의 사람들은 창세기 1:1을 물리적 우주 창조에 관한 언급으로, 따라서 모든 시대와 문화에서 이해될 수 있는 우주적 진술로 이해했다고 말해도 무방할 것이다. 그러나 월튼은 창세기 1:1에 대한 이러한 반응이야말로 우리가 그 텍스트를 창세기 저자가 염두에 둔 최초의 독자들의 시각으로 보지 못한다는 증거라고 주장한다. 그는 창세기 1장이 "현대의 용어로 우주론을 다루거나 현대의 질문들을 다루려 하지 않으며, 이스라엘 백성에게는 우주론에 대한 그들의 '과학적' 이해를 보강하거나 수정할 수 있는 계시가 주어지지 않았다"는 점에서 그것이 고대의 우주론이라고 주장한다.[25] 월튼은 오늘날의 논쟁에서 드러나는 주요한 문제들 중 하나가 텍스트를 현대의 과학으로 설명하려 하고, 결과적으로 텍스트가 결코 의도하지 않았던 것을 말하도록 압력을 가하는 것이라고 주장하는데, 그는 이러한 태도를 "일치론자"(concordist)의 실수라고 부른다.

문맥을 무시하고 저자가 말하려고 했던 것보다 더 많은 것을 텍스트가 말하도록 강요하는 위험에 대한 월튼의 경고는 합당하다. 그러나 나는 반대로 텍스트가 말하려고 의도했던 것보다 적게 말하도록 강요하는 것 또한 위험한 일이라고 생각한다. 나는 창세기 1장이 "현대의 우주론을 현대의 용어로 다루려고 시도하지" 않는다는 점에는 동의하지만, 그렇다고 해서 우주론적인 질문들을 전혀 다루지 않았다고는 생각하지 않는다. 예컨대 우주의 시작에 관한 질문은 거의 천 년 전부터 존재해왔지만, 1960년대에 일어난 획기적인 진전을 통해 현대에도 여전히 유효한 질문임이 입증되었다. 그런데 성서는 시종일관 분명한 언어로 우주에 시작이 있다고 말해왔다.[26]

둘째, 이스라엘 백성에게는 "그들의 '과학적' 우주 이해를 보강하거나 수정하기 위한 계시가 전혀 주어지지 않았다"는 것이 정말 사실인가?[27] 물론 여기서는 현대 우주론이나 수학적 물리학이라는 의미에서 "과학"을 말하는 것이 아니라, 우주의 물리적 측면들에 대한 진정한 이해라는 차원에서 말하는 것이다. 이러한 차원에서 히브리인들이 어떤 형태의 "과학적 우주 이해"를 지니고 있었으며, 그것을 어디서 얻게 되었는지 물어볼 필요가 있다. 월튼이 이스라엘 사람들과 관련하여 명시적으로 언급하는 것처럼, 우주에 대한 그들의 주된 이해는 아마 창세기에서 유래한 것일 텐데, 그것은 고대 근동에 유행하던 우주론에 대한 단순한 "보강"이 아니었다. 월튼 자신이 인정하듯이 그것은 고대 근동의 우주론들과는 독특하게 구별되었다. 우주가 이미 존재하던 신들로부터 만들어졌다는 견해와는 대조적으로, 창세기는 우주가 한 분 하나님에 의해 창조되었으며, 그분은 말씀을 통해 무로부터 그것을 존재하게 하셨다고 가르친다.[28]

수학자인 내게 더욱더 인상적인 것은 창세기 1장이 우주의 창조와 조직화를 6일로 배분하는데, 각각의 날들이 "그리고 하나님이 말씀하셨다"는 문구로 시작한다는 점이다. 물론 이것은 현대 과학의 기준으로 보면 의심할 여지 없이 비과학적인 언어다. 하지만 그렇다고 해서 거기에 아무런 중요성이 없다고 무시해버리는 것은 현명하지 못한 처사다. 왜냐하면 요한복음에서도 동일하게 "하나님이 말씀하신다"는 사실이 강조되고 있기 때문이다. "태초에 말씀이 계셨다.…모든 것이 그를 통해 만들어졌다"(요 1:2, 3). 요한은 물리적 우주가 그 존재를 로고스(말씀)이신 하나님께 빚지고 있다는 사실을 우리에게 알려준다. 로고스라는 단어는 "말", "명령" 또는 "정보"라는 의미를 담고 있다.

우주를 창조하고 구조화할 에너지와 정보를 하나님이 자신의 말씀을 통해 부여하신다는 이 계시는 아주 심오하고 새로운 것이다. 하지만 내가 다른 곳에서 상세하게 논증한 것처럼,[29] 그 계시는 현대 과학의 깊은 통찰력들 중 일부와 수렴하는데, 그것은 바로 정보가 근본적으로 물질이나 에너지로 환원될 수 없다는 사실이다.

그래서 나는 "성서 전체를 통해 하나님이 이스라엘에게 그들 자신의 문화를 뛰어넘는 과학을 계시한 예는 단 하나도 없다. 어떤 구절도 고대 세계의 과학에 보편적이지 않았던 시각을 제공하지 않는다"라는 월튼의 말이 전혀 이해가 되지 않는다. 어쨌거나 첫 번째 문장은 당혹스럽다. 이스라엘의 문화는 그 자체가 창세기를 포함한 하나님의 계시에 의해 형성되지 않았는가? 두 번째 문장에서 보여주는 단호함("어떤 구절도 ~않는다")은 창세기의 우주론과 주변 국가들의 우주론이 유사하면서도 상당한 차이를 보인다[30]는 (위에 언급한) 월튼 자신의 견해와

146

모순되는 것 같다.

또한 월튼은 "우리가 하나님의 계시를 현대 과학과 일치시킴으로써 얻을 수 있는 유익은 전혀 없다"고 생각한다. 물론 나도 성서가 과학의 모든 분야에 정보를 제공할 수 있다고는 주장하지 않는다. 그러나 성서와 과학 간에는 우주와 우리 자신에 대한 이해에 매우 중요한 의미를 갖는 근본적인 수렴점이 존재한다는 점을 지적하고자 한다. 성서와 과학 간에 수렴점이 존재한다는 사실은 회의적인 세상 속에서 조금이나마 성서에 신뢰성을 더할 수 있다. 성서 자체가 우리에게 그것을 보증해준다(롬 1:19-20).

## 창세기의 수수께끼

흥미로운 점은 성서 구절의 사실적 정확성에 별로 무게를 두지 않는 사람들조차 창세기의 순서와 과학에 의해 주어진 순서 사이에 유사성이 있음을 지적한다는 것이다. 보다 이전 시대의 예를 들자면, 영국의 철학자 겸 역사가 에드윈 베번(Edwyn Bevan, 1870-1943)은 "구약성서 신화들의 종교적 가치"(The Religious Value of Myths in the Old Testament)라는 제목의 논문에서 이렇게 말한다.

땅이 현재 상태를 띠게 된 단계들은 현대 과학이 그 과정에 부여할 설명에 정확히 들어맞지는 않지만, 원칙적으로 이 단계들은 그리스도인도 영감이라고 부를 수 있을 만큼 놀라운 영감의 빛에 의해 현대의 과학적 설명을 예견하는 듯하다. 만일 우리가 과거 지구의 다른 순간들로 시간을 거슬러 올라갈 수 있다면, 우리는 먼저 땅이 물과 구분되지 않고 태양으로부터 오는 빛은 빽빽한 구름 때문에 희미하게만 비치는 상태의 지구를 마주하게 될 것이다. 그리고 시간이 흐르면서 지구가 건조해짐에 따라 땅이 드러날 것이다. 이어서 낮은 단계의 생명체들을 비롯한 동물과 식물이 등장하기 시작할 것이다. 머지않아 구름 덩어리들이 엷어지고 분산되어서 지구 생물들은 자신의 머리 위에 뜬 태양과 달과 별들을 보게 될 것이다. 시간이 더 흐르면 지구에서 원시 괴물들을 볼 수 있을 것이다. 그리고 마지막으로 우리는 현재의 동물군과 식물군, 그리고 동물 진화의 최종 산물인 인간이 거주하는 지구를 대하게 될 것이다.[31]

최근 들어 런던 자연사 박물관의 연구 이사인 앤드루 파커(Andrew Parker)는 월튼의 견해와 아주 밀접한 방식으로 동일한 현상에 주의를 기울였다. 파커는 신앙이 없는 진화 생물학자였는데, 여러 독자들로부터 눈(eye)의 기원에 관한 그의 연구가 창세기 1장의 "빛이 있으라"는 말과 맥을 같이 한다는 편지를 받은 후에 창세기 1장을 읽어봐야겠다는 마음이 생겼다고 한다. 그는 자신이 발견한 사실에 깜짝 놀랄 수밖에 없었다. "뭔가를 발견하리라고 기대하지 않았는데, 나는 성서 첫 페이지의 창조 이야기와 생명의 역사에 관한 현대의 과학적 설명 간에 놀라운 유사성이 있음을 발견했다. 이러한 사실로 인해 나는 이 문제를 진지하게 생각해보지 않을 수 없었다. 창세기와 현대 과학 간의 대응 관계는 거의 완벽했다." 이어서 그는 이렇게 덧붙인다. "더 자세하게 조사하면 할수록 나는 그 유사점이 점점 더 확실해지고 뚜렷해질 것이라고 믿는다. 내가 묻고 싶은 질문은 이것이다. 창세기의 첫 페이지에 나오는 창조 기사는 실제 사건의 순서에 따라 기록되었다고 말할 수 있는가?"[32] 파커의 결론은 다음과 같다.

> 그렇다면 창세기의 수수께끼는 이것이다. 창세기의 첫 페이지는 과학적으로 정확하지만 그것은 오래전 과학이 알려지기도 전에 기록된 것이다. 그 장의 저자는 어떻게 이런 창조 기사를 쓸 수 있었단 말인가?…나는 그런 아이디어에 비위 맞추기를 싫어하는 과학자로서, 다소 신경질적으로 성서 첫 장의 저자가 신적 영감을 받았다는 강력한 증거가 존재함을 인정할 수밖에 없었다. 성서가 신적 영감의 산물이라는 주장에 대해 그보다 더 강력하고 편견 없는 증거를 찾기는 어려울 것이다.[33]

파커의 견해가 특히 무신론자들 사이에서 뜨거운 논쟁거리가 되고 있다는 사실은 그리 놀라운 일이 아니다. 그의 책에서 우리는 신앙을 옹호하려는 의도가 없는 과학자도 창세기에 기록된 사건들의 순서를 과학적으로 지지할 수 있다는 사실을 발견할 수 있다.

## 우주론과 생리학 간의 유사성?

마지막으로 나는 월튼이 "이스라엘 백성은 그들의 '과학적' 우주 이해를 보강하거나 수정하기 위해 아무런 계시도 받지 않았다"라는 자신의 견해를 지지하는 방식에 대해 좀 더 언급하고자 한다. 그는 아래와 같이 우주론과 생리학 간에 유사성이 존재한다고 주장한다.

우주 지질학이 진리에 대한 계시라기보다 문화적으로 기술된(culturally descriptive) 것이라면, 그것은 성서에서 발견되는 문화 상대주의적인 다양한 주장들 중 하나에 불과할 것이다. 예를 들어 고대 세계에서는 인간의 지성, 감정 및 인간성이 내장기관, 특히 심장에나 간과 신장 혹은 다른 장기들에도 있다고 믿었다. 많은 영어 번역본들은 내장을 가리키는 히브리어 단어를 영어로 옮길 때 "마음"(mind)이라는 단어를 택함으로써 언어와 문화가 어떤 식으로 상호 관련되어 있는지를 보여준다. 현대 언어에서도 심장은 여전히 비유적으로 감정을 가리킨다. 고대 세계에서는 이것이 비유가 아니라 생리학이었다. 그러나 우리는 하나님이 이스라엘 백성에게 그들의 지성, 감정 및 의지에 관해 말씀하고자 하실 때 생리학에 관한 이스라엘 백성의 사고를 갱신하거나 뇌의 기능을 밝혀주어야 한다고 느끼시지 않았음에 주목해야 한다. 오히려 하나님은 그들의 문화 언어를 채택하셔서 그들이 이해할 수 있는 언어로 소통하셨다.[34]

언어와 문화가 서로 관련되어 있다는 월튼의 주장에는 이의가 없지만, 중요한 것은 그것이 어떤 성격의 관계인가 하는 점이다. 나는 창세기 1장이 우주론을 다루는 하나님의 계시이며, 그것이 전문적인 과학 용어로 기록되는 대신 (명백한 이유로) 독자들이 이해할 수 있는 언어로 기록되었음에도 내가 왜 그것을 "문화적 기술"이라 부르지 않는지 이미 밝혔다.

월튼은 내장기관에 대한 성서의 언급이 자신의 "문화 상대주의" 논점을 강화한다고 주장한다. 그는 지성, 감정 및 의지와 관련된 몇 가지 장기들에 대해 언급하지만, 꿈과 생각에 관련된 머리에 대한 언급(단

7:1, 15)은 빠뜨린다.[35] 그는 심장이 현대에도 비유적으로 사용된다는 사실은 인정하지만, 성서에서는 그것이 비유가 아니라 생리학이라고 주장하면서도 이에 대한 아무런 증거도 제시하지 않는다. 이것은 지나친 단순화의 오류다. 예컨대 창세기 6:6은 이렇게 말한다. "그리고 주님은 자신이 지상에 인간을 만드신 것을 유감스럽게 생각하셨으며, 그것은 그분의 심장에 사무치도록 그분을 슬프게 했다." 나는 히브리인들이 이 구절을 하나님에 관한 생리학적 진술로 받아들였다는 말을 믿을 수 없다. 다른 구절을 예로 들자면, 예레미야 23:9은 이렇게 말한다. "내 안에서 내 심장이 깨졌다." 생리학적 진술로 해석하면, 이 말은 심장이 물리적으로 기능을 멈춘 것을 의미할 것이다.

고대인들이 우리처럼 비유 사용에 익숙했다는 것은 명백한 사실이다. 더 나아가 오늘날과 마찬가지로 고대에도 비유의 사용은 상당히 정교했다. 월튼은 신구약 성서가 공통적으로 감정을 묘사하기 위해 내장을 언급한다는 점을 지적한다. 어떤 이유에서 그러한 용어들을 사용하게 되었는지 추측하기는 어렵지 않다. 고대인들도 우리와 동일한 인간으로서 우리처럼 특정한 감정 상태가 인간 내부에 육체적 감각들을 가져온다는 사실을 알고 있었다. 오늘날에도 이런 감각을 묘사하기 위해 "직감"(gut feeling; 직역하면 내장의 감각)이라는 표현을 사용한다. 그것은 진정한 감각이며, 이를 묘사하기 위해 자연스럽게 물리적 신체의 일부를 비유로 사용하게 된 것이다. 주목할 점은 우리가 "직감"이나 "진심어린 동정"(heartfelt sympathy; 직역하면 심장으로 느끼는 동정)과 같은 표현들을 사용한다고 해서 실제로 육체의 내장을 염두에 두지는 않는다는 것이다.

월튼은 계속해서 이렇게 말한다. "사람들이 '심장으로 생각한다'고 말하는 것은 생리학적 표현을 빌려서 다른 사안을 전달하는 고대의 방식이다. 그것은 결코 생리학을 염두에 둔 것이 아니다. 따라서 우리는 사람들이 내장으로 어떻게 생각하는지를 설명하기 위해 현대의 생리학을 떠올릴 필요가 없다."[36]

내가 보기에는 신체의 용어("심장")를 사용해서 다른 사안들을 전달하는 것이 본질적으로 비유가 의미하는 것과 다르지 않기 때문에, 그의 말을 이해하는 데는 적지 않은 어려움이 따른다. 내가 오해하지 않았다면 이러한 해석은 위에서 월튼이 성서는 비유가 아니라고 했던 주장과 모순된다.

더욱이 그들은 심장에서의 생리적 반응이 감정적 사고와 관련되어 있음을 알았고, 저자가 말하고자 하는 것이 감정적 사고에 관한 것이지 심장 박동에 관한 것이 아님을 잘 알고 있었기 때문에, "그것은 생리학을 염두에 둔 것이 아니다"라는 말은 누구나 그것을 이해할 수 있다는 점에서 사실이다.

그러나 바로 여기서 월튼의 비유가 무너지는데, 왜냐하면 창세기 1장은 특정 지점들에서 직접적으로 우주론에 대해 말하고 있기 때문이다. 창세기가 "태초에 하나님이 하늘들과 땅을 창조하셨다"라고 말할 때, 그것은 비유적 차원에서 다른 의미를 전달하기 위해 우주의 물리적 파편들을 사용하는 것이 아니다. 그것은 바로 물리적 우주의 기원에 대해 말하고 있는 것이다.

위의 인용문에서 월튼의 "따라서 우리는 사람들이 내장으로 어떻게 생각하는지를 설명하기 위해 현대의 생리학을 떠올릴 필요가 없다"

최초의
7일

라는 마지막 진술을 나는 이해할 수 없다. 왜냐하면 생리학에 대한 이해가 증가함에 따라 우리는 사고 및 감정과 내장 간에 존재하는 심신 상관관계에 대해 더 깊은 통찰력을 가지게 되었고, 결과적으로 우리가 "직감"(gut feeling)이라고 부르는 것에 과학적 근거가 있음을 이해하게 되었기 때문이다.

또한 월튼은 [지적] 설계 논쟁의 다양한 측면들을 언급하는데, 나는 물리적 우주 내에서의 지적 인과관계에 대한 증거의 본질을 다루는 그의 논의가 부적절하다고 생각한다. 특히 정보의 성격에 관해 알려진 사실에 비추어볼 때, "자연에서의 설계라는 이론이 합리적인 의심을 넘어서 확증되기 위해서는 모든 자연주의적 설명을 배제시킬 수 있어야만 한다"[37]는 그의 견해가 옳지 않다고 생각한다. 그러나 이 문제를 다른 곳에서 다루었기에[38] 여기서는 더 이상 언급하지 않겠다.

마지막으로, 나는 자신들의 자연주의적 우주 이해만이 지적으로 존중받을 자격이 있는 유일한 견해라고 떠들어대는 "새로운 (사실 이제는 별로 새롭지 않은) 무신론자들"의 주장을 고려할 때, 우주의 물질적 존재와 기능 **모두**에 대한 성서의 설명, 그리고 그 안에 거하는 인간의 생명에 대한 성서의 설명이 과거 어느 때보다 대중들에게 지적으로 명료하게 표현될 필요가 있다고 확신한다. 나는 또 다른 이유로 창세기 1장이 우주의 물질적 기원과는 아무런 관계가 없다는 월튼의 주장이 설득력을 가지지 못한다고 생각한다. 월튼의 주장을 받아들이면 성서에서 기원에 대한 설명이 발견될 것이라고 기대되는 자리에 그것이 없다고 말해야만 하는데, 사실은 어느 시대에나 일반 독자는 물론 학자들도 그 자리에 기원에 대한 설명이 있을 것이라고 생각해왔다.

## 창세기 및 과학에 따른 우주의 기원

대개의 경우 과학은 우주를 지배하는 법칙과 메커니즘이 작용하는 방법(How)에 주의를 기울이는 반면, 성서는 과학과는 달리 보다 중요한 문제라고 생각되는 존재의 원인(Why)에 관심을 갖는다. 하지만 양자 간에는 의미심장한 공통분모가 존재한다. 가장 중요한 공통분모의 예는 성서와 과학 모두 우주에 시작이 있다고 주장한다는 사실이다. 놀라운 사실은 과학자들이 최근에야 우주에 시작이 있을 수도 있다는 가능성을 검토해보기 시작한 반면, 성서는 이를 수천 년 동안 주장해왔다는 것이다. 우주가 영원하다는 아리스토텔레스의 견해는 이렇다 할 도전 없이 수백 년 동안 과학적 사고를 지배해왔다.

한번은 도킨스와의 논쟁 중에 그에게 우주에 시작이 있다는 성서의 주장이 옳다고 말한 적이 있는데, 그는 내 말을 별로 귀 기울여 듣지 않았다. 그는 성서가 옳은 답을 말했다 해도 정답을 맞출 확률이 반반("있다" 또는 "없다")인 상황에서 그것은 그리 대단한 일이 아니라고 했다. 하지만 사실 그것은 대단한 일이었다. 왜냐하면 우주가 영원부터 존재한 것이 아님을 시사하는 과학적 증거들이 나타나기 시작했을 때 일부 선도적인 과학자들은 그것이 창조론자들에게 강력한 지지기반을 제공해줄 것이라고 생각해 이에 격렬히 저항했기 때문이다.[1] 그것은 단순한 추측이 아니었고 우주에 시작이 존재한다는 과학적 증거는 너무도 강력했기에, 과학적 진보가 성서적 세계관을 지지하는 것이 두려워서 이에 저항했던 사람들은 결국 뜻을 이루지 못했다.

"태초에 하나님이 하늘들과 땅을 창조하셨다." 이 장엄한 성서의 첫 문장은 수많은 연구의 대상이 되어왔다. 영문 번역에는 "태초"(the beginning)라는 구절에 정관사(the)가 붙어 있지만 히브리어 원문에는 정관사가 없다. 어떤 이들은 이러한 상황이 태초에 신비를 덧입히는 효과를 준다고 생각한다. 예를 들어 레온 카스(Leon Kass)는 이렇게 말한다. "이에 대해서는 현대 우주론도 동의하지 않을 수 없다. '빅뱅 전에는 무엇이 있었는가?' 오직 하나님만이 아신다. 어떠한 사변을 동원한다 해도 우주의 궁극적 시작과 근원 또는 원인이 갖는 절대적 신비성은 제거되지 않는다."[2] 하지만 콜린스(C. John Collins)는 "'시작'이라는 단어는 그 자체가 한정적이기 때문에 관사가 없다"고 지적한다.

잠시 물러나서 빌 브라이슨(Bill Bryson)이 우주의 시작에 관해 아무도 흉내낼 수 없는 방식으로 전개하는, 대중적이면서도 과학적인 설명을 들어보자.

이처럼 우리의 우주는 무로부터 시작했다.

어떤 형태의 말로도 표현할 수 없을 만큼 급속도로 팽창하는 영광의 순간, 단 한 번의 눈부신 폭발 가운데, 특이점은 일반적인 개념을 넘어 상상하기조차 힘든 밀도와 온도 및 공간을 가정한다. 많은 천체물리학자들이 보다 짧은 시간 간격으로 쪼개어 그 한 조각을 연구하는 데만 평생을 보내게 되는 빅뱅 이후, 첫 1초 동안 물리학을 지배하는 중력을 비롯한 여러 힘들이 생겨났다. 1분 내에 우주는 10의 15제곱마일의 규모가 되었고, 급속히 팽창했다. 이제 온도가 100억도에 달할 정도의 열로 인해 가벼운 원자들―주로 수소와 헬륨 그리고 1억 개 중 한 개 정도로 적은 양의 리튬―이 핵반응을 통해 생성되었다. 3분 내에, 존재하거나 존재하게 될 모든 물질의 98%가 만들어졌다. 우주가 생겨난 것이다. 그것은 가장 놀랍고 유쾌한 가능성이자 아름답기까지 한 사건이었다. 그리고 그것은 대략 샌드위치 하나를 만들 때 소요되는 시간 안에 모두 이루어졌다.[3]

이번에는 물리학자 존 호튼(John Houghton) 경의 안내를 따라 이야기를 좀 더 진전시켜보기로 하자.[4]

전자들이 원자핵과 결합하여 원자를 형성할 수 있을 만큼 우주가 충분히 식기까지는 백만 년이 걸렸다.…다른 곳보다 밀도가 높은 영역을 상상해보라. 중력의 힘이 밀도가 더 높은 지역으로 더 많은 물질을 끌어당길 것이다.…수백만 년에 걸쳐 이 고밀도 덩어리들은 별이 되고, 별들의 집단은 은하가 될 것이다.…일부 별들이 수명을 다하여 초신성으로 알려진 사건을 통해 스스로 폭발할 때 더 극단적인 상황이 생성된다. 이 거대한 폭발이 일어날 때 백금, 금, 우라늄 및 다른 많은 무거운 원소들이 형성된다.

폭발된 물질들은…주기율표 상에 나타나는, 자연적으로 발생한 92종의 원소를 포함한다. 다음에는 이 원소들이 별들 사이에서 수소 및 헬륨가스와 결합되어 또 다시 별들의 진화 과정을 겪는다. 그리고 2세대 별들이 태어난다.…우리는 태양이 그런 2세대 별이라고 믿는다. 우리의 태양 주위에, 아마도 젊은 태양을 감싸고 있던 가스와 먼지 구름들이 점차 몇 개의 밀도 높은 물체들로 융합됨으로써 행성들이 형성되었다. 지구는 45억 년 전에 생명의 발달에 적합한 풍부한 화학적 조성 및 상태를 갖추고 태어났다.[5]

호튼은 이렇게 추론한다.

인간이 존재하기 위해서는 모든 우주가 필요하다고 말할 수 있다. 1세대 별들이 출현했다가 죽음으로써 무거운 원소들을 만들어내고 우리의 태양과 같은 2세대 별들이 행성 체계를 형성하기 위해서, 우주는 충분히 오래될(따라서 충분히 넓을) 필요가 있다. 마지막으로 생명이 발달하고 생존하고 번성하기 위해서는 지구 상에 올바른 조건들이 있어야 한다.…그러나 그것이 전부가 아니다. 우리가 현재 이해하는 바로는, 우주가 올바른 방향으로 발달하기 위해서는 우주의 기본 구조 및 빅뱅 시의 조건들에 대해 믿을 수 없을 정도로 정밀한 조율[6]이 요구되었다.[7]

우리가 과학과 하나님 중에서 하나를 택해야 한다는 리처드 도킨스의 지나치게 단순화된 주장에 영향을 받은 일부 사람들이 관심을 갖는 것이 바로 "빅뱅"이라는 개념이다. 그러나 이것은 우리가 포드 사의 갤럭시(Galaxy)라는 자동차 모델의 기원을 설명하기 위해서는 헨리 포드 (Henry Ford)와 자동차 생산 라인 중에서 하나를 택해야 한다는 주장과 동일한 수준의 어리석고 그릇된 대안이다.[8]

사실은 두 가지 설명이 모두 필요하다. 이것들은 모순되는 것이 아니라 상호 보완적이다. 헨리 포드는 자동차를 설계한 인물이다. 자동차 생산 라인은 그의 설계에 따라 자동차가 만들어지는 방식을 보여준다. 이와 마찬가지로 우리도 하나님과 빅뱅 사이에서 하나를 선택할 필요가 없다. 이들은 다른 종류의 설명이다. 다시 말해 하나는 하나님의 창조에서 주체가 누구인가라는 관점에서, 그리고 다른 하나는 창조의 방식과 법칙이라는 관점에서 설명하는 것이다.

더욱이 "빅뱅"이라는 용어는 본질적으로 (매혹적인) 신비에 붙여진 명칭이다. 그것은 과학자들이 우주―보다 자세하게는 시공간―에 시작이 있다는 자신들의 신념을 표현하기 위해 사용한 것이다. 빅뱅의 잔상인 우주 배경 복사를 발견해서 노벨 물리학상을 수상한 아르노 펜지아스는 이렇게 주장한다. "우리가 보유하고 있는 최고의 데이터는⋯우리가 모세 오경과 시편을 포함하는 성경 전체 외에는 참고할 다른 자료가 전혀 없었더라도 예측할 수 있는 바로 그 내용이다." 따라서 물리학자들과 우주학자들에 의해 발달된 표준 (빅뱅) 이론은 "태초에 하나님이 하늘들과 땅을 창조하셨다"[9]라는 진술이 담고 있는 의미를 과학적으로 해독한 것이라고 볼 수 있다. 흥미로운 점은 우주에 시작이 있다는 성서의 주장을 확인시켜주는 "빅뱅"이라는 우주 모델이 그와 동시에 (아이러니하게도) 우주가 아주 오래되었다는 점도 시사한다는 것이다.

최초의 창조 사건에 대한 과학적 확증은 사도 바울이 우리로 하여금 기대하게 만들고자 했던 바로 그런 종류의 것이라는 점을 상기할 필요가 있다(롬 1:19-20). 하나님은 창조세계 안에 자신의 지문을 남겨두셨다. 자연신학은 적법한 연구방식이다. 그렇기 때문에 나는 시공간의 시작과 관련하여 과학과 성서 기록 간에 존재하는 수렴점에 관심을 기울이는 것이다.

## 두 개의 창조 기사?

창세기 초반부 장들이 연대기적으로 중요한 의미를 가진다는 주장에 반대하는 자들이 종종 내세우곤 하는 근거는 창세기 2장의 창조 기사가 창세기 1장에 기초한 어떠한 연대기에도 모순된다는 것이다. 한 가지 두드러지는 이슈는 창세기 1장이 인간의 창조에 대해 언급하기 이전에 식물의 창조에 대해 언급하는 반면 창세기 2장은 그 반대의 인상을 주는 것처럼 보인다는 점이다. 창세기 2장의 ESV 텍스트는 다음과 같다.

> 땅에 아직 어떤 들풀도 없었고, 들의 어떤 작은 식물도 싹트지 않았을 때—하나님이 땅 위에 비를 내리시지 않고, 땅을 경작할 사람도 없고, 땅에서 안개가 올라와 온 지면에 물을 대었기 때문에—주 하나님이 땅의 흙으로 사람을 지으시고 그의 코에 생명의 호흡을 불어 넣으시니, 그 사람이 살아 있는 생명체가 되었다. 그리고 주 하나님이 에덴 동쪽에 동산을 만드시고, 그가 만드신 사람을 그곳에 두셨다. 그리고 주 하나님이 땅에서 보기에 즐겁고 음식으로 삼기에 좋은 모든 나무들이 싹트게 하셨다(창 2:5-9).

C. 존 콜린스(C. John Collins)는 여기서 식물들의 결핍은 그것들이 아직 창조되지 않았음을 드러내는 것이 아니라 아직 비가 없었다는 사실을 말하기 위한 것이기 때문에, ESV가 이 문단의 첫째 절에 나오는 히브리어 "하아레츠"(ha'arets)를 "지구"(earth)가 아닌 "땅"(land)으로 번역한 것은 잘한 일이라고 지적한다. 이를 근거로 콜린스는 여기 묘사된 시나리오가 독자들에게도 매우 친숙한 그림일 것이라고 추측한다. 독자들이 "겨울 동안에는 비가 내리고 여름 동안에는 전혀 내리지 않는 땅"이라는 개념에 익숙할 것이라는 뜻이다. "이런 기후 패턴에서는 여름의 끝자락에 땅이 건조해지고 갈색으로 변하며, [가을이 되어]비가 내리면 식물이 자라난다. 이러한 자연적 패턴을 극복하는 유일한 방법은 사람이 땅에 물을 대고 그것을 경작하는 것이다."[1]

다시 말해 콜린스는 창세기 2장의 기사가 셋째 날의 식물 창조와는 아무런 관계가 없으며, 그것은 특정한 땅에서 연중 주기의 특정한 때에 아직 식물이 자라나기도 전에 하나님이 사람을 창조하셨음을 묘사한다고 주장한다.[2] 이 텍스트에 대한 이러한 독법은 자연의 주기가 충분히 오래 확립되어 있었음을 전제하는데, 왜냐하면 콜린스가 지적하는 것처럼 이 텍스트를 여섯째 날의 사건들과 조화시키기 위해서는 창세기 1장의 날들이 (모두) 24시간으로 이루어진 일반적인 날은 아니거나 또는 그 날들이 시간적으로 서로 분리되어 있다고 결론지어야 하기 때문이다. 그는 위의 두 가지 대안 중 첫 번째 것을 선호하는데, 왜냐하면 그 날들은 하나님이 일하시는 날들이며 그 날들의 길이가 소통에 영향을 주어서는 안 되기 때문이다. 위의 두 견해는 사실상 크게 다르지 않는데, 나는 이 책의 3장에서 두 번째 대안 또는 그 변화형들을 옹호하는 몇 가지 주장들을 펼쳤다.

또 다른 제안은 첫 번째 창조 기사가 연대기적 순서로 기록된 반면 두 번째 창조 기사는 논리적 순서로 기록되었다는 것이다. 사실 우리는 종종 일상적인 대화를 하거나 글을 쓸 때 무의식적으로 논리적 순서를 연대기적 순서와 혼합하곤 한다.

한 가지 예를 들어보자. "짐(Jim)은 자동차를 샀다. 그는 자동차를 몰고 집에 갔다. 당신은 그가 자동차를 어디에 주차하는지 묻는다. 그는 자동차를 넣어두기 위해 차고를 지었다." 그렇다면 그는 자동차를 집에 몰고 갔을 때 그 차고를 지은 것인가? 아니다. 차고는 이미 존재하고 있었다. 이러한 사실은 영어에서 단순과거 시제인 "그가 지었다"(he built) 대신 과거완료 시제인 "그가 지었었다"(he had built)를 사용하면 더 명확해질 수 있다. 히브리어에는 별도의 과거완료 시제가 없기 때문에 영어에서처럼 연대기적 순서가 명확하게 드러나지 않는 경우가 많다. 이런 이유로 어떤 이들은 창세기 2:5-9에 기록된 사건들의 순서는 1장과 2장의 순서가 동일한 종류의 순서라고 가정할 경우에만 창세기 1장과 충돌한다고 주장한다. 그러나 외견상의 갈등을 해소할 수 있는 제안이 있다. 창세기 1장이 창조의 시작부터 마지막까지를 일별하는 연대기적 성격이 강한 기사인 반면에 창세기 2장은 인간을 중심에 두고 인간이 된다는 것이 무엇인지를 묘사하는 논리적 성격이 강한 기사로 간주하는 것인데, 모든 번역본들이 이러한 점을 분명하게 밝혀주는 것은 아니다.[3] 하지만 여기서 한 가지 언급하고 넘어가야 할 것이 있는데, 창세기 2:5에 "때"라는 단어가 사용되었다는 사실이 콜린스의 해석을 지지하는 근거가 될 수도 있다는 점이다.

그러나 히브리어에는 창세기 1장과 2장 간에 존재하는 외견상의 연대기적 충돌을 해결하는 데 도움이 되는, 과거완료 시제의 의미를 표현하는 방법이 있다. 성서 번역본 중에는 창세기 2:19에서 동물의 창조가 인간 창조보다 뒤에 일어났다고 제안하는 것도 있다. 예를 들어 ESV는 이 구절을 다음과 같이 옮긴다. "하나님은 흙으로 모든 들짐승들과 공중의 모든 새들을 지으시고(formed), 인간이 어떻게 이름 짓나 보시려고 이들을 인간에게 데려오셨다." 콜린스는 여기 사용된 히브리어 동사를 영어의 완료시제인 "지으셨었다"(had formed)로 번역하여 연대기적 충돌을 제거해야 한다고 주장한다.[4]

# 유신 진화론과 틈새의 신

창세기 1장에 따르면 일련의 창조 행위는 종료되었다. 텍스트는 창조 사역이 끝났고 하나님이 일곱째 날에 안식하셨다고 말한다. 이것은 창조 과정 중에 일어났던 일련의 사건들이 더 이상 발생하지 않는다는 의미로 해석될 수 있다. 그것은 자연과학의 주요한 가정들 중 하나인 자연의 균질성(uniformity)과 밀접한 관련을 갖는데, 여기서 자연의 균질성이란 현재가 과거를 이해하는 열쇠가 된다는—적어도 빅뱅 이후 1초의 일부 시간에 대해서는—것을 의미한다.

이를 달리 표현하자면, 창세기는 자연이 절대적인 균질성을 갖고 있었던 것은 아니라고 말하는 듯하다. 창세기는 자연이 대체로 균질성을 갖는다는 중요한 사실을 부인하지 않는다. 실제로 안식일이 갖는 추가적인 의미는 하나님이 자신의 창조 활동 이후에도 계속해서 우주를 유지하신다는 것이다. 우주는 계속 하나님의 섭리적 돌보심에 의존하는데,[1] 이는 우리가 태초에 하나님 자신이 수립해놓으신 자연 법칙들에 의존할 수 있음을 의미한다. 이런 사상을 지지하는 유명한 예가 예수의 말씀 속에서 발견된다. "왜냐하면 그가 악한 자와 선한 자 위에 태양이 뜨게 하시고, 의로운 자와 불의한 자에게 비를 보내시기 때문이다"(마 5:45). 그러므로 기독교는 하나님이 우주의 시작을 촉발하는 방아쇠를 당긴 후에 뒤로 물러나서 더 이상 관여하지 않는다고 주장하는 이신론과 동일시될 수 없다. 한편 안식일 개념 자체가 시사하는 바는, 우주가 존재하도록 유지시키시는 하나님의 섭리가 성서에서 창조라는 단어를 통해 의미하고자 하는 전부는 아니라는 점이다.

신약은 우주에 대한 하나님의 관계가 갖는 두 측면, 즉 창조주와 유지자로서의 하나님이라는 개념을 확증한다. 바울은 이러한 두 가지 기능을 그리스도에게 돌린다. "왜냐하면 그분에 의해 모든 것들이 창조되었기 때문이다." 그리고 "그분 안에서 모든 것들이 지탱된다"(골 1:16, 17). 이와 유사하게 히브리서는 그리스도에 대해 이렇게 말한다. "하나님은 또한 그를 통하여 세상을 창조하셨다." 그리고 "하나님은 그의 능력의 말씀으로 우주를 유지하신다"(히 1:2, 3).

그런데 창세기에 의하면 창조는 단지 하나의 창조 행위로만 이루어진 것이 아니라 여러 개의 단속적인 창조 행위들의 연속이며,[2] 그 이후로 하나님은 안식하신다. 이것은 확실히 오늘날에는 계속되지 않는 과정들이라고 말할 수 있다. 물론 과학에서 그러한 (초자연적인) ("위로부터의") 창조 행위들은 ("밑으로부터의") 불연속성 또는 특이점 (singularity)으로 보일 텐데, 이는 과학자 일반, 특히 생물학자들에게는 지극히 받아들이기 어려운 주장이다.

예컨대 앞에서 언급했던[3] 물리학자 폴 데이비스는 (무신론의 관점에서) 이렇게 썼다.

생명의 기원을 신의 기적에 돌리는 것은 과학자들에게 매우 혐오스러울

뿐만 아니라 신학적으로도 의심쩍다. "틈새의 신"(God of gaps)이라는 말은 과학자들이 그들의 이해에 틈새가 생길 때마다 이에 대한 설명으로 하나님을 불러올 수 있다는 주장을 조롱하기 위해 만들어졌다. 이런 식으로 하나님을 불러오는 일이 야기하는 문제는, 과학이 발전함에 따라 틈새가 좁혀지고, 하나님은 점차 자연의 이야기에서 쫓겨나게 된다는 것이다. 신학자들은 자신들이 과학의 홈그라운드에 뛰어들어 과학에 도전하려고 할 경우 항상 불리한 형세에서 방어하는 싸움을 하게 될 것이라는 점을 오래전부터 인지하고 있었다. 생명의 형성(the formation of life)을 신 존재 증명에 이용하는 것은, 만일 누군가가 시험관에서 생명을 만드는 데 성공할 경우 즉각적으로 폐기될 위험성을 내포한 전술이다.[4] 그리고 하나님이 이따금씩만 자연의 힘에 대항하여 원자들 주위를 움직이면서 단속적(斷續的)으로 행동한다는 아이디어는 위대한 건축가에게는 명백히 따분한 이미지다.[5]

이와 유사하게, 하나님을 믿는 과학자들 중 적지 않은 수가 하나님이 간격을 두고 간섭하신다는—또는 보다 덜 경멸적인 용어를 사용하자면, 개입한다는—생각이 일종의 유사 이신론이며 하나님에게 걸맞지 않는다고 생각한다. 그들은 자연이 "기능적 완결성"(functional integrity)을 가지고 있으며, 생명이란 하나님이 태초에 자연에 수립해 놓으신 법칙을 따름으로써 하나님으로부터의 단속적인 추가 개입 없이 물질들에 부여된 잠재적 가능성이 발현된 것이라는 입장을 취한다. 그들은 (창세기가, 또는 내가) 수백만 개의 개별적인 창조 행위들이 있었다는 주장을 하지 않음에도 불구하고, 확실히 다양한 종들을 만

166

들어내기 위한 수백만 번의 초자연적 창조 행위들보다 이러한 종류의 유신론적 진화[6]가 하나님에게 더 어울린다고 말한다. 어쨌거나 "그리고 하나님이…말씀하셨다"라는 구절은 몇 번 나오지 않는다.[7]

저명한 생물학자 프랜시스 콜린스(Francis Collins)는 유신 진화론에 대한 그의 이해를 다음과 같이 묘사한다.

> 나는 모든 생물들이 서로 연관성을 갖는다는 이 명확한 증거에 경외감을 느끼며, 그것이 우주를 존재하게 하고 또 우주의 물리적 상수들을 별, 행성, 무거운 원소들, 그리고 생명 자체의 탄생을 허용하는 데 꼭 들어맞도록 정해놓은 전능자의 종합 계획(master plan)에 대한 증거라는 결론에 도달하게 되었다. 당시에는 그러한 이론을 뭐라고 부르는지 알지도 못하는 상태에서 일반적으로 "유신 진화론"이라고 불리는 이 종합 이론(synthesis)에 편안하게 안착하게 되었는데, 나는 오늘날까지도 이 입장을 아주 만족스럽게 생각한다.[8]

콜린스는 계속해서 그의 입장을 구체화한다.

> 공간과 시간에 제한되지 않는 하나님이 우주를 창조하시고 이를 규율하는 자연 법칙을 확립하셨다. 내버려두었더라면 불모의 공간이 되고 말았을 우주에 생명들을 번성시키기 위해 하나님은 진화라는 우아한 방법을 선택하셔서 모든 종류의 미생물, 식물 및 동물들을 창조했다. 신기하게도 하나님은 이와 동일한 방법을 선택하셔서 지성, 옳고 그름에 대한 지식, 그리고 하나님을 인정할 자유의지 및 욕구를 지니게 될 특별한 생명체가 생

겨나게 하셨다.[9]

그러나 콜린스는 역사의 어느 한순간에 진화 과정으로부터 출현한 한 생명체에게 하나님이 특별히 자신의 형상을 부여하셨다고 설명한다. 이것이 "하나님의 형상대로 만들어진" 인류의 시작이었다.[10]

콜린스가 제안하는 형태의 유신 진화론은 다음과 같이 요약될 수 있다.

1. 하나님은 우주가 생겨나도록 만드신다.

2. 하나님은 물리학의 법칙들과 정교하게 조율된 초기 조건들(initial conditions)을 설정하신다.

3. 하나님은 우주가 존재하도록 유지시키신다.

4. 우주는 하나님이 인간을 창조하실 때까지는 하나님으로부터 추가적인 별도의 초자연적 개입 없이 발달하고, 이어서 생명이 출현한다.

5. 특정 시점에 하나님은 점진적 진화 과정을 통해 이미 출현한 사람에게 특별히 자신의 형상을 부여하신다.[11]

다른 유형의 유신 진화론도 존재한다. 예를 들어 어떤 유형은 위의 5단계를 부인하고 4단계가 인류의 출현을 포함한다고 주장한다.

생화학자 마이클 비히(Michael Behe)는 위의 1, 2, 3단계는 받아들이지만 4단계는 인정하지 않는다. 그는 다윈이 말하는 의미에서의 진화가 일어났지만 그것은 "관리되었다"(supervised)고 믿는다. 또한 자연도태 및 무작위 돌연변이가 맡은 역할이 있기는 하지만, 그 영향이

미치는 범위는 비교적 제한되었다는 것이 과학적 실상이라고 주장한다. 진화의 변이 능력에는 "가장자리" 또는 한계가 있는데 이는 무작위적이지 않은 돌연변이가 도입될 경우에만 뛰어넘을 수 있다. 다시 말해 비히는 이러한 돌연변이들에는 지성의 투입이 필요하며, 설계자[12]가 여기에 개입한 것이라고 제안한다. 따라서 이 견해에 따르면 하나님이 진화 과정에서 여러 차례에 걸쳐 원자들을 움직이셨다.

이 문제와 관련하여, 내가 보기에는 두뇌 및 두뇌의 기능에 관한 현재의 통찰력에 비추어볼 때 하나님에 대한 인식이라는 새로운 차원을 담기 위해 필요한 물리적 기질(基質)을 창조하려면 두뇌의 신경 시스템을 근본적으로 조정하지 않고서는 하나님이 어떻게 이미 존재하고 있던 생물에게 자신의 형상을 부여하실 수 있었겠는지 상상하기란 매우 어렵다. 이 점을 고려할 때, 루이스-콜린스(C. S. Lewis-Francis Collins) 유형의 유신 진화론도 원자들을 움직이는 것과 관련이 있는 듯하다.

케임브리지 대학교의 고생물학자 사이먼 콘웨이 모리스(Simon Conway Morris)는 또 다른 종류의 유신 진화론을 제시한다. 그는 자신이 "생명의 해법"(life's solution)이라 부르는 능력, 곧 생명이 발생할 수 있는 모든 가능한 경로들을 찾아내는 불가사의한 진화 능력은 창조와 부합한다고 제안한다. "어떤 이들에게는 그것이 눈 먼 시계공의 무의미한 활동으로 남아 있겠지만, 다른 이들에게는 그것이 그들의 시야를 가려온 검은 안경을 벗어버리도록 만들어주는 것일 수 있다. 그 선택은 당신에게 달려 있다."[13]

이러한 모든 논의들을 통해 나는 이 문제를 진지하게 고찰하도록 긍정적인 도전을 받는다. 먼저 (비록 내가 이 사람들의 저술을 따라가기 위해 열심히 노력하기는 하지만) 나는 생물학자가 아니며, 보다 중요한 점은 내가 이 사람들을, 그리고 무신론에 반대하는 그들의 입장을 대단히 존중하고 높이 평가한다는 것이다. 특히 프랜시스 콜린스는 나에게 개인적으로 큰 격려가 되어주었다. 그럼에도 나는 내가 이 논의에 조금이나마 새로운 기여를 할 수 있기를 희망한다.

나는 과학자로서 "틈새의 신"이라는 사고방식에 빠지거나 지적 게으름의 위험을 무릅쓰게 되지 않으려 조심한다. 그런 이유로 하나님의 활동에 대한 주된 증거를 과학적 설명에 존재하는 현재의 틈새들에서 찾지 않는다는 점을 미리 말해둔다. 나는 우리가 알고 있는 과학의 모든 곳에서 하나님에 대한 증거를 본다. 실제로 우리가 과학을 연구할 수 있다는 바로 그 사실에서 그 증거를 본다. 나는 하나님이 우주를 지배하는 자연 법칙을 만드셨다는 프랜시스 콜린스의 말에 전적으로 동의한다. 하나님은 이 모든 사건을 주관하시는 하나님이시다. 실로 수학자인 내게는 우주의 수학적 명료성, 그리고 이를 묘사하기 위해 개발된 수학의 치밀함과 힘이 창조주의 존재에 대한 주된 증거가 된다.

더 나아가 나는 하나님이 바로 우주가 존재하게 된 이유이며, 그가 우주의 물리적 상수들을 조율하셨으며, 초기 경계 조건을 정하셔서 생명에 필요한 무거운 원소들을 갖춘 행성들이 생겨나도록 원소들과 여러 (최소한 두 세대[14]) 세대의 별들이 형성되도록 만드셨다는 점에도 동의한다.

내가 유신 진화론[15]에 대해 문제를 느끼기 시작하는 지점은 바로 그다음 단계다. 우리는 지금까지 생물학이 아니라 우주론, 물리학, 화학에 대해 생각해왔다. 그리고 하나님에 의해 시작되고 관리되었으며, 하나님에 의해 설계되어 우리에게 알려진 물리학 법칙들에 의해 진행된 과정의 결과로서 생명의 원재료들을 보유한 세계에 도달하게 되었다.

유신 진화론은 이제 생명이 기원하는 지점에 왜 특별한 초자연적 창조 행위를 도입해야 하느냐고 묻는다. 또한 생명의 기원 및 발전은 생명이 발생하기 이전의 과정과 똑같은 방식으로 진행되었다고 생각하는 것이 더 일관성이 있지 않겠느냐고 말한다. 여기까지 와서 단지 아직까지 생명의 기원에 대한 그럴듯한 설명이 없다는 이유로 (틈새의) 신을 도입한다는 것은 확실히 유감스럽지 않은가? 이 마지막 요점은 다소 역설적인데, 이에 따르면 유신 진화론자들은 우주의 기원에 대해, 그리고 많은 경우 인간 생명의 기원에 대해 하나님의 개입을 필요로 하지 않는다는 비난을 자초하기 때문이다.

물론 문제는 하나님이 특별한 방식으로 창조하실 수 있었는지 여부가 아니다. 원칙적으로 하나님은 하나님이기 때문에 자신이 선택하는 어떤 방식으로도 창조하실 수 있다는 것이 사실이다. 그리고 하나님은 우리가 아는 한 은하, 태양 및 행성들의 형성과 같이 우리가 종종 "자연적 과정"이라고 부르는 것을 사용해서 창조의 일부를 수행하기로 선택하셨다. 문제는 하나님이 그 "모든 것을" 정말 그런 식으로 하셨느냐 하는 점이다. 우주의 역사에서, 하나님의 법칙에 의해 지배되는 하나님의 세상에서 통상적으로 발생하는 사건들과는 근본적으로 다른 몇 차례의 구별되는 창조 행위들(예컨대 생명, 인간의 기원)이 있었다고 생각할 이유가 조금이라도 있는가?

그리고 그것이 왜 문제가 되는가? 그리스도인들이 무의미하고 부차적인 문제에 빠져드는 것은 아닌가? 특히 나는 현재 많은 무신론자들이 인간은 다른 종들과 마찬가지로 맹목적이고 인도되지 않은 과정에 의해 만들어졌기 때문에 인간에게는 아무런 특별한 점이 없다고 주장한다는 사실을 고려할 때 그것이 무의미하고 부차적인 문제라고 생각하지 않는다. 인간이 어떠한 위치를 점하고 있는가 하는 것은 결코 사소한 문제가 아니다.

## 불연속성, 기적, 그리고 초자연

이 지점에서 나는 세 가지 문제를 심각하게 고려할 것이다. 첫째, 널리 알려진 것처럼 대부분의 물리학자들은 시공간의 기원이 하나의 특이점이라는 견해를 받아들일 준비가 되어 있다. 확실히 유신 진화론자들은 하나님이 창조주로서 그 특이점에 대해 책임이 있다는—다시 말해 제1원인이라는—생각에 익숙하다. 우주는 자연 과정을 통해 생겨나지 않았다. 아무것도 없지 않고 무언가가 존재하게 된 이유는 하나님이 그렇게 되기를 원하셨기 때문이다.

둘째, 앞서 언급한 바와 같이, 많은 유신론적 진화론자들은 인간 생명의 기원이 모종의 초자연적 불연속성과 관련이 있었다는 입장을 취한다.

셋째, 이 점이 가장 중요한데, 보다 최근의 역사에서 다른 불연속점들—특히 그리스도의 성육신과 부활—이 있었다는 것이 역사적 기독교 신앙의 일부다. 이 사건들에 물리적 측면이 전혀 없는 것은 아니지만 이것은 확실히 자연 법칙의 설명력 범위에 들어가지 않는다. 오히려 이 사건들은 신약성서가 지적하는 것처럼 외부로부터 신의 능력이 직접적으로 개입함으로써 야기된 것이다. 무신론자인 동료 과학자들은 자연 법칙상 그런 일은 일어나지 못한다고 (그릇되게) 항의하지만,[16] 그럼에도 우리 그리스도인들은 이 사건들이 실제로 일어났다고 믿는다.

나는 일부 그리스도인들이 이런 정황 속에서도 과거에 생명의 기원 및 인간의 기원과 같은 다른 불연속점들이 있었다는 주장을 받아들이는 데 선험적으로 어려움을 느끼는 것처럼 보인다는 사실에 대해 의아하게 생각한다. 만일 당신이 적어도 3개의 주요한 불연속점들—창조, 성육신, 부활—을 인정한다면 (비교적 소수의) 다른 불연속점들을 믿는 데는 원칙적으로 반대가 있을 수 없다. 특히 이들을 지지하는 과학적·성서적 증거가 있을 경우에는 더더욱 그렇다.

창조와 관련된 불연속점들을 기적으로 간주해야 하는가라는 질문을 던질 수 있다. 예컨대 생물학자 다니엘 알렉산더(Daniel Alexander)는 이렇게 말한다.

성서적 사고에서 기적이라는 용어는 일반적으로 창조 질서 안에, 그리고 그분의 백성들 삶 속에 나타나는 하나님의 특별하고 이례적인 사역에만 사용되는 것 같다. 이는 하나님이 창조 사역 중에 특별한 기적을 행하실 가능성을 배제하지 않지만, 만일 그렇다면 성서는 하나님의 창조 사역에 대해서는 침묵하는 것이다. 예수가 개입하여 물을 포도주로 바꾸시거나, 거친 바다를 잠잠하게 하시거나, 나사로를 죽은 자들 가운데서 일으키셨을 때, 이 표적들은 창조세계(creation) 안에서 하나님이 일하시는 일반적인 사역 방식과 너무도 다르기 때문에 눈에 띄는 표적으로 나타나는 것이다.

과학은 관찰된 규칙성과 관찰되지 않은 규칙성에 대한 논리적 추론에 기초한다. 지금까지 과학의 영역에서는 항상 규칙적이고 재현 가능한 방식으로 작용하는 대상들을 관찰해왔기 때문에, 세속 과학자들은 만사가 그렇게 작용한다고 가정한다. 그리스도인 과학자도 이에 동의하지만, 이에 더하여 그 질서의 논리적 토대, 즉 우주에 충실하게 규칙성을 부여하는 창조주 하나님도 믿는다. 기적들이 하나님의 일반적인 창조 사역에서 규칙적이거나 심지어 예측할 수 있는 사건이라는 주장에는 뭔가 역설적인 면이 있다. 기적의 요점은 그것이 기대되지 않는 불규칙적인 사건, 곧 하나님의 은혜에 대한 특별한 표지라는 점이다. 그래서 나는 그리스도인들에게 기적이라는 말을 사용할 때 성서적 이해를 염두에 둘 것을 제안한다.[17]

우리는 알렉산더가 "창조"(creation)라는 용어를 하나님이 우주에 규칙성을 부여하실 당시의 원래적 창조 행위를 묘사하는 데만 사용하지 않고 그 행위의 산물, 다시 말해 현재 존재하고 있고 과학자들에 의해 그 규칙성이 연구되고 있는 창조세계를 묘사하기 위해서도 사용했다는 점에 주목해야 한다. 이 규칙성은 알렉산더가 "하나님의 일반적인 창조 사역"이라고 부르는 것의 일부로 이해되는데, 이는 아마도 하나님이 우주가 규칙성을 띠고 존재하도록 계속 유지하시는 것을 의미할 것이다. 그는 이것을 창조의 "현재 시제"라 부른다.[18] 내가 그를 정확히 이해했다면, 그러한 구별은 나도 받아들일 용의가 있다.

C. S. 루이스가 지적한 것처럼, 우리가 "기적"을 신약성서의 "이적" 또는 "표적"과 같은 맥락에서 이해할 수 있으려면 우주가 식별 가능한

규칙성을 보여주어야 한다. 알렉산더가 말한 것처럼 규칙성이 없었다면 예수의 기적들은 "눈에 띄지" 않았을 것이다. 루이스가 계속해서 주장하는 것처럼 그러한 기적들은 자연 법칙에 내재된 규칙성을 "깨뜨리지" 않는다. 그것은 오히려 (법칙 수여자이신) 하나님이 자신의 신적 능력으로 그 시스템 안에 새로운 사건을 부여하시는 것이다. 그것은 하나님의 일반적인 행위와는 구분되는 예외적인 행위다.[19]

성서의 기적들은 우주의 알려진 규칙들에 반하여 두드러진다는 이유에서 기적으로 인식되는 것이기 때문에, 우주에 규칙을 부여하는 최초의 창조 사건에 기적이라는 용어를 적용하는 것은 엄밀히 말해 적절하지 않다. 그러나 그렇다고 해서 최초의 창조가 규칙성을 지닌 우주를 만들기 위한 하나님의 여러 차례에 걸친 직접적 개입과 무관하다는 것은 아니다. 여기서는 **초자연적** 개입이라는 표현을 사용하는 것이 더 적절할지도 모른다. 알렉산더는 이 구분을 놓치고 있는 것처럼 보인다. 어쨌거나 "태초에 말씀이 있었다.…모든 것이 그를 통하여 만들어졌다"(요 1:1, 3)라는 구절은 최고 수준에서의 초자연적 활동이 명백하게 관련되어 있음에도 기적이라는 표현을 사용하지 않는다.

비록 창조 기사에 기적이라는 표현이 사용되지는 않았지만, 성서는 창조 시에 하나님의 초자연적 활동이 관여했다는 사실에 대해 침묵하지 않는다. 실제로 창조 과정 전체의 요점은 시간적으로 절대적인 시작에서부터 인간 문명의 개화기에 이르기까지의 하나님의 "특별한 창조 행위들"을 그러한 행위들 간의 공백기간(intervals)과 그 이후에 우주가 존재하도록 유지하시는 "하나님의 섭리"(알렉산더의 표현을 빌자면 일반적인 창조 사역)와 구분하는 것이다.

알렉산더는 "기적들이 하나님의 일반적인 창조 사역에서 규칙적이거나 심지어 예측 가능한 사건들이라는 주장에는 역설적인 면이 있다"라는 매우 이상한 말을 했는데, 이는 그가 기적과 초자연을 구별하지 못했기 때문이다. 내가 아는 바에 따르면 어느 누구도 기적이 규칙적이거나 예측 가능한 사건이라고는 감히 주장하지 않을 것이다.[20] 나는 창조 기간 동안에 하나님의 직접적인 초자연적 행위와 하나님의 섭리가 모두 관여했다고 제안한다.[21]

마지막으로, 나는 오늘날까지 과학의 세계에서 모든 것이 언제나 규칙적이고 재연 가능한 방식으로 작용해왔다는 알렉산더의 주장이 성립하지 않는다고 생각한다.[22]

신학적 관점에서 보자면, 본질적으로 유신 진화론은 창조를 궁극 원인으로 간주하는 아우구스티누스의 견해를 채택한 듯하다. 다시 말해 창조는 우주가 하나님께 의존한다는 생각을 표현한다. 우주와 그 법칙들이 존재하게 만드시고 그 우주에 잠재적 가능성을 부여하시는 분은 하나님이시라는 것이다.[23] 물론 그러한 의존성도 창조의 근본적인 측면 중 하나지만, 나는 성서가 창조라는 용어를 사용할 때 이것만을 의미한다고는 생각하지 않는다. 왜냐하면 신구약을 막론하고 성서는 한편으로 하나님의 최초 창조행위들과 다른 한편으로 창조세계를 유지하시는 후속 사역을 명확히 구분하기 때문이다. 이러한 구분은 창세기 1장에서도 분명하게 드러난다. 창세기 1장은 일련의 창조 행위들과 그에 뒤따르는 하나님의 안식에 대해 기록한다. 유신 진화론을 지지하는 동료들 중에는 이것을 거부하는 이들도 있지만, 나는 과학이 그러한 구분을 지지한다고 생각한다.

## 틈새들은 모두 나쁜가?

위의 논의는 다시 틈새 문제와 연결된다. 내가 다른 곳[24]에서 자세하게 주장한 바와 같이, 틈새에는 다양한 종류가 있는 듯하다. 어떤 틈새는 무지로 말미암은 틈새인데 그것은 과학 지식이 증가함에 따라 궁극적으로 메워질 수 있다. 이러한 틈새는 "틈새의 신"이라는 표현에 등장하는 나쁜 틈새다. 그러나 다른 틈새들, 곧 과학이 진보함에 따라 오히려 **드러나는** 좋은 틈새도 있다. 인쇄된 문서의 정보를 물리학과 화학의 법칙들만으로는 설명할 수 없다는 사실은 무지의 틈새라고 할 수 없다. 그것은 글쓰기의 본질과 관련된 틈새이며, 우리는 지성을 사용하여 그 틈새를 메울 수 있다.

지금까지 살펴보았던 것처럼(그러니 내가 핵심을 장황하게 설명하더라도 용서해주기 바란다), 물리학자들과 우주학자들은 시공간의 기원 및 팽창에 관한 그들의 수학적 모델이 "물리학의 법칙이 붕괴하는 바로 그 출발점에 특이점이나 틈새가 있다"는 결론으로 이어진다는 개념에 익숙해져 있다. 대부분의 그리스도인들은 그 특이점 및 자연 법칙에 대한 궁극적인 설명이 하나님이라는 점을 손쉽게 받아들인다. 다시 말해 그리스도인들은 비록 하나님이 간접적으로 행동하실 수 있음에도 어느 순간엔가 직접적으로 행동하시는 지점 또는 지점들이 있다는 점을 받아들여야 한다는 것이다. 무엇보다도 우주가 존재하도록 만드신 것이 바로 그러한 직접적인 행동 중 하나다.[25]

이와 관련하여 나에게 충격적인 사실 하나는 창조 내러티브에서 하나님이 하늘들과 땅을 창조하셨다고 말한 뒤에,[26] (내가 이해하기로는)

형태도 없고 텅빈 땅에 다다르기까지 어떠한 언급도 없이 광대한 시간 (그리고 많은 물리적·화학적 활동)을 그냥 지나친다는 점이다. 바로 이 지점에서 창세기 1:2은 "하나님의 영이 수면 위를 배회하고 계셨다"라고 말한다.

천체 물리학자 휴 로스(Hugh Ross)는 이 구절이 우리에게 특정 장소에서의 지표면 바로 위라는 준거 틀과 관점을 제공해준다고 주장한다.[27] 부수적으로 이것은 창세기 1장이 하늘들, 지구, 땅, 바다, 궁창 등과 같이 전지구적 현상들에 주로 관심을 보이는데, 어떤 이유에서 낮과 밤은 지구의 반대편에서 동시에 발생하는 현상인데도 그것을 언급하는가라는 질문에 대한 답변이 될 수 있다.[28]

더 나아가 하나님의 영이 지면을 배회하고 계셨다는 언급은 이제 하나님의 특별한 행동이 시작될 것을 알리는 극적인 신호로도 이해될 수 있다. 기다림의 시기들은 끝났다. 창조주 하나님은 창조 사역을 완성할 마지막 행동, 곧 자기 형상대로 남자와 여자를 지으시기 위한 준비 단계로서 생명체를 창조하시고 그것으로 지면을 채우심으로써 자신의 세상을 만드시는 그 모든 일을 이제 막 시작하려 하신다.

생명의 기원에 관한 성서의 기사는 그것이 특별한 행위라는 점을 강력하게 증언한다. 셋째 날에 우리는 하나님이 말씀하셨다는 표현을 여러 번 발견할 수 있다. 먼저 하나님은 육지와 바다를 분리하셨다. 이어서 하나님은 다시 이렇게 말씀하신다. "그리고 하나님이 이렇게 말씀하셨다. '땅은 식물의 싹을 틔워라…'"(창 1:11). 다시 말해 창세기에 의하면 "인도되지 않은"(unguided) 자연적인 과정에 의해서는 무기물로부터 유기체를 얻을 수 없다.[29] 하나님이 직접 관여하셔서 말씀하시지

않으면 무생물로부터 생명체가 나올 수 없다.[30]

문제는 과학이 그러한 불연속점들에 대한 증거를 제공하는가 하는 것이다. 내 대답은 우주의 기원에 대해 과학과 성서가 서로 수렴하고 보완하는 것처럼, 생명의 기원에 대해서도 그렇다는 것이다.

먼저 우리는 잠재적인 주요한 오해 한 가지를 제거할 필요가 있다. 대중적으로 팽배한 인식과는 달리 (신)다윈주의적 진화론은 생명의 기원을 설명할 수 없다. 리처드 도킨스가 『눈 먼 시계공』(Blind Watchmaker)에서 자연 도태가 생명의 변이뿐만 아니라 생명의 **존재**(existence)도 설명한다고 말한 것은 명백한 잘못이었다. 그의 잘못은 하나님에 대한 신앙의 문제가 아니라, 논리의 문제다. 다윈의 진화론에서는 진화의 시작을 위해 돌연변이 복제 개체의 존재를 **전제**한다. 따라서 다윈의 진화론은 정의상 "그것 없이는 시작할 수 없는 바로 그것의 **존재**"에 대한 설명일 수 없다. 이미 오래전에 러시아의 유명한 생물학자 테오도시우스 도브잔스키(Theodosius Dobzhansky)는 이 명백한 사실을 인지하고서, "생명체 이전의 진화는 용어상의 모순이다"라고 말했다.[31]

도킨스가 최근 저서인 『지상 최대의 쇼』(The Greatest Show on Earth)[32]에서 자연 도태가 생명의 존재를 설명할 수 없다는 점을 인정한 것은 바람직한 일이다. 그러나 그는 계속해서 아주 이상한 주장을 펼친다. "우리는 실제로는 생명의 기원에 관해 그럴듯한(plausible) 이론을 필요로 하지 않으며, 오히려 너무 그럴듯한 이론이 발견된다면 다소 불안해질 수도 있다!" 그의 주장에 의하면, 만일 생명의 기원에 관해 타당한 이론이 존재한다면 생명체가 은하계 전체에 보편적인 현상이

어야 한다는 것이다. 그러나 은하계에서 생명체의 보편성과 생명의 기원의 타당성이 서로 무슨 관계가 있다는 것인가? 타당성을 갖는 이론이 생명의 존재 가능성을 지구에 한정하는 것은 얼마든지 가능한 일이다. 사실 생명의 기원에 관해 그럴듯한 이론은 존재한다. 그것은 바로 하나님이 그 목적을 위해 특별히 준비하신 한 행성 위에 생명을 창조하셨다는 것이다.

아마 도킨스는 물리적·화학적 조건들이 이러저러한 곳에서 생명 발생의 가능성을 보여주는 타당한 **자연주의적** 이론이 존재한다면, 우리는 통계학적으로 우주 공간에 상당히 많은 생명이 존재할 것으로 기대할 수 있다고 생각하는 듯하다. 하지만 그런 이론은 존재하지 않는다.

## 정보의 문제

도킨스의 설명은 생명 자체의 본성이 생명의 기원에 대한 순전히 자연주의적인 이론의 존재를 거부한다는 취약점이 있다. 무생물과 생물 사이에는 어마어마한 격차가 있는데, 이는 단지 정도의 문제가 아니라 종류의 문제다. 말하자면 그것은 종이나 잉크와 같은 원재료와 그 재료를 통해 완성된 책의 차이와 같다. 원재료들은 외부의 도움 없이는 언어 구조로 조직화되지 않는다. 그러한 구조들은 "창발하는"(emergent) 현상이 아닌데, 왜냐하면 그것들은 지적 투입(intelligent input) 없이는 나타나지 않기 때문이다. 생물 세포가 DNA 암호 데이터베이스뿐 아니라 막대한 정보 저장력과 처리능력을 가지고 있다는 사실을 적절히 설명하기 위해서는 세포를 구성하는 기본적인 물리적·화학적 물질들을 뛰어넘는 정보의 근원을 상정할 수밖에 없다. 이에 대해 마이크로소프트 창업자 빌 게이츠(Bill Gates)는 다음과 같이 말한다. "DNA는 컴퓨터 프로그램과 같다. 그러나 그것은 우리가 지금까지 만들어낸 그 어떤 소프트웨어보다 훨씬 더 진보해 있다."[33] 컴퓨터 과학에 대한 우리의 모든 지식을 토대로 말하자면, 그러한 프로세서들과 프로그램들은 마음의 관여 없이는 전혀 (윤곽조차도) 설명될 수 없다.

수학자 아미르 아첼(Amir Aczel)은 이렇게 말한다. "DNA가 어떤 식으로 엄청난 양의 정보를 저장하고 조종하는지…그리고 이 정보를 사용하여 생명을 통제하는지 알게 되면 우리는 무엇이 DNA를 만들었는가라는 하나의 커다란 질문과 마주하지 않을 수 없다.…혹시 그것은 모든 생명체의 자기 복제 기반을 창조했던 절대 존재(supreme being)의 능력과 생각과 의지로 말미암은 것은 아니었을까?"[34] 그 대답은 확실히 "예"다.

인도되지 않은 자연적 과정은 RNA나 DNA에서 발견되는 언어 형태의 정보를 생성하지 못한다.[35] 사실 인도되지 않은 자연적 과정이 기계를 만들어낸다 하더라도(물론 이 가정은 무신론적 신념에 필수적이다), 그 기계는 어떤 새로운 정보도 창조해낼 수 없을 것이다. 레옹 브리유앵(Léon Brillouin)은 정보 이론에 관한 그의 고전적인 저술에서 이렇게 기록한다. "기계는 어떤 새로운 정보도 창조하지 않지만, 알려진 정보를 변환하는 매우 귀중한 작업을 수행한다."[36] 내가 생명의 기원에 관한 (유신) 진화론적 견해에 관해 특이하게 생각하는 점은 그것이 위와 같은 과학적 이해에 정면으로 도전하는 것처럼 보인다는 점이다. 나는 하나님이 부여하신 자연 법칙들―하나님이 조성하신 최초 상태에서 시작하여 그가 창조하신 물질계에 작용하는—이 어떤 특별한 초자연적 개입 없이 우주와 생명이 "출현"하는 것을 보증해준다는 아무런 증거도 찾지 못했다. 물리학을 통해 우리에게 익숙한 유형의 수학 법칙들은 정보를 창조할 수 없다는 단순한 이유로 인해 이런 작업에 적합하지 않다.

폴 데이비스(Paul Davis)는 이렇게 묻는다. "특정한 무작위성이 과연 우리에게 친숙한 물리학과 화학 법칙에 의존하는 원시 수프처럼 결정론적이고, 기계적이며, 법칙성을 띤 과정에 의해 보증되는 산물일 수 있는가? 결코 그럴 수 없다. 우리에게 알려진 어떠한 법칙도 이를 성취할 수 없다. 그것은 가장 의미심장하고 심오한 사실이다."[37]

실제로 어떤 사람들은 그런 과정들이 정보를 창조했을 뿐만 아니라 정보를 창조할 수 있는 피조물도 창조했다고 주장하는데, 그것은 절대 불가능한 일이다. 정보 이론에 기반한 과학적 이해는 정반대의 방향을 가리킨다. 다시 말해 특별한 지성적 창조 행위만이 생명체가 가진 생물학적 정보의 기원 문제에 대해 유일하게 믿을 수 있는 해법이라고 주장한다.[38]

이것은 생명의 기원에 관한 데니스 알렉산더의 주장과 첨예하게 대비된다. "화가의 작업실에 들어가서…그에게 '당신은 잘못된 유형의 물감들을 선택했소. 그것들은 정말 가망이 없소!'라고 말한다고 상상해보라. 나는 그 말이 모욕적이라는 데 모두 동의할 거라고 생각한다. 그러나 내가 보기에는 별들이 죽어가는 순간에 하나님이 생겨나게 하신 귀중한 물질들이 생명을 만들어낼 잠재력을 가지고 있지 않다고 자신 있게 선언하는 것도 그와 동일하게 모욕적인 것이다."[39]

그의 주장은 치명적인 오류를 내포하고 있는데, 이는 그가 채택한 비유의 적용점들이 일치하지 않기 때문이다. 어느 누구도 창조주의 재료들이 "잘못된 유형"이라거나 "가망이 없다"고 주장하지 않는다. 다만 창조주의 추가적이고 직접적인 지적 개입이 없이는 창조주가 만들어 놓은 좋은 재료들이 생명을 만들어낼 수 없다고 주장하는 것이다. 화가에게 그의 직접적인 개입 없이는 그의 물감들이 걸작을 만들어낼 수 없다고 말하는 것이 그에 대한 모욕이 아닌 것처럼, 위의 주장도 창조주에 대한 모욕이 아니다. 오히려 물감들이 화가의 도움 없이 스스로 걸작을 만들어낼 수 있다는 (우스운) 주장이 그 화가에게 모욕이 될 것이다!

또한 레오나르도 다 빈치(Leonardo da Vinci)의 뛰어난 미술작품을 물감과 캔버스의 잠재적인 물리적·화학적 능력에 돌리기보다는 그의 천재성에 돌리거나 영구 기관(perpetual motion)에 대한 탐구를 포기하는 것이 지적 게으름이 아니듯이, 생명은 자연 법칙에 따라 작용하는 물질과 에너지의 잠재력의 산물이라는 견해를 거부하는 것도 지적 게으름이 아니다.

이제 "하나님이 이따금씩만 자연의 힘에 대항하여 원자들 주위를 움직이면서 단속적으로 행동한다는 아이디어는 위대한 건축가에게는 명백히 따분한 이미지다"라는 폴 데이비스의 주장으로 돌아가 보자. 첫째, 자연에 존재하는 힘을 만들어낸 하나님이 그것들과 경쟁한다는 생각은 자기모순적이라 할 수 있다. 그렇다면 하나님이 원자를 움직인다는 것은 어떤가? 레오나르도 다 빈치가 여기서도 우리에게 도움을 줄 수 있다. 마음이나 정보는 물질적 실체가 아니다. 그럼에도 레오나르도의 마음속에 있는 개념적 정보가 그의 손을 구성하는 원자들을 움직였고, 그의 손이 붓의 원자들을 움직였고, 붓이 물감의 원자들을 움직임으로써 걸작이 탄생했다. 이 움직들 중 어느 것도 자연의 힘과 경쟁하지 않았다. 오히려 그 움직임들은 마음에 의해 인도된 자연의 힘을 **동반한** 것이었다. 그런데 하나님은 물질이 아니라 영이시다. 게다가 하나님이 우주를 운행하시기 위해 원자들을 움직이셨고(아니 창조하셨고), 또 예수를 죽은 자들 가운데서 일으키기 위해 원자들을 움직이셨다는 사실에 비추어볼 때 데이비스의 주장은 완전히 잘못된 것이다. 만일 우리가 창조주 하나님께 생명의 기원이나 그분의 걸작인 인간(그분의 형상대로 만들어져서 그들의 마음 또한 원자들을 움직일 수 있는)의 창조와 관련하여 원자들을 움직인 공로를 돌리지 **않는다면** 그것은 창조주에게 "따분한 이미지"일 것이다.

## 공통의 조상?

인간이 특별한 피조물이라는 생각은 다음과 같은 진화론적 주장에 의해 도전을 받는다. 인간과 동물들은 뼈와 기관이라는 대체적 구조에서 유전 물질의 유사성에 이르기까지 많은 공통적인 특징을 공유하는데, 이러한 특징들은 원시 생명 형태에서부터 복잡한 생명에 이르기까지 "단절 없는 진화"(seamless evolution)가 "인도되지 않은 자연적 과정"(natural unguided processes)에 의해 발생했음을 시사한다. 비록 화석 기록에 틈새들이 있기는 하지만, 그럼에도 생물학자들은 결국 세부적인 요소들이 채워짐으로써 전체 그림이 완성될 것이라는 데 일반적으로 동의한다. 그들은 모든 생명의 진화적 상호 관련성에 대한 분자 증거(molecular evidence)를 결정적인 것으로 여긴다.

물론 유사성을 부인할 수는 없다. 그러나 유사성은 유전이 아니라 설계의 결과일 수도 있다. 또는 선별 교잡(selective breeding)이 보여주듯이 이 둘의 조합으로 나왔을 수도 있다. 따라서 오로지 이러한 유사성을 진화론적 관점에서 자연선택의 결과로만 설명하는 것은 제안된 진화 메커니즘에 대한 증거가 거기에 부과된 비중을 감당할 수 있을 만큼 충분할 경우에만 권위를 갖는다. 내가 다른 책에서 주장했던 것처럼,[40] 진화 메커니즘들이 어느 정도의 무게를 갖는 것은 사실이지만, 그러한 메커니즘이 동물과 사람 간의 차이를 설명할 수 있느냐는 전혀 다른 문제다. 여기에는 엄청난 차이가 있다. 유전학자 스티브 존스(Steve Jones)는 이렇게 말한다. "침팬지가 DNA의 98%를 우리와 공유할 수는 있지만, 그렇다고 침팬지가 98%짜리 사람인 것은 아니다. 침팬지는 전혀 사람이 아니고 그저 침팬지일 뿐이다. 그리고 우리가 생쥐나 바나나와 공통의 유전자를 공유한다는 사실이 인간의 특성에 대해 뭔가를 말해주는가? 유전자가 우리의 진정한 정체성을 말해준다고 주장하는 사람들이 있는데, 이는 터무니없는 생각이다."[41]

시스템생물학자 데니스 노블(Denis Noble)은 『생명의 음악: 게놈 너머의 생물학』(The Music of Life: Biology beyond the Genome)이라는 책에서, 게놈 서열에서의 작은 차이가 기능과 관련하여 얼마나 방대하고 복잡한 차이를 빚어낼 수 있는지에 대해 보다 자세하게 설명한다. 그러나 노블은 게놈(그리고 두뇌)에 관해 "우리는 이것들이 전체 시스템에서 사용되는 데이터베이스라는 점을 인식할 필요가 있다. 이것들은 그 시스템의 행동을 결정하는 프로그램이 아니다"라고 지적한다.[42] 흥미롭게도 노블은 대략 3만 개의 유전자를 보유하고 있는 인간 게놈을 3만 개의 파이프를 가진 거대한 오르간(실제로 그런 오르간들이 존재한다)과 비교한다. "음악은 오르간의 통합적 활동의 산물이다. 그것은 그저 일련의 음표들에 불과한 것이 아니다. 그러나 음악은 오르간에 의해 창조되지 않는다. 예컨대 오르간은 바흐의 푸가를 작곡한 프로그램이 아니다. 바흐가 그 곡을 만들었다. 또한 오르간으로 하여금 연주하게 만들기 위해서는 숙련된 연주자가 필요하다." 노블은 이어서 이렇게 질문한다. "오르간이 있고 음악이 있다 치자. 그렇다면 연주자는 누구이고 작곡가는 누구인가? 그리고 지휘자도 있는가?"[43] 이것은 아주 탁월한 질문이다. 노블이 이 질문들에 만족스럽게 답했는지는 또 다른 문제겠지만, 그가 이런 질문을 한다는 사실 자체가 이 주제와 관련된 많은 저술들의 특징이었던 극단적 환원주의로부터의 고무적인 변화를 보여주는 것이다.

생물학자 제리 포더(Jerry Fodor)와 마시모 피아텔리 팔마리니(Massimo Piattelli-Palmarini)는 진화가 일어났다는 것을 의심하지는 않지만, "방대한 신다윈주의 문헌의 많은 부분"이 "괴로울 정도로 무비판적인" 특성을 갖는다는 점과, "다윈주의에 관해 논의할 때 과학적 담론을 특징짓는 방법론적 회의론이 현저하게 결여되어 있는 것처럼 보인다"는 점에 대해 우려를 표명한다. 그들에 의하면 특히 자연선택에 의해 수행되는 역할에 대한 논의와 관련하여 그런 현상이 두드러진다.

자연선택설은 우리가 의식하지 못하는 사이에 제국주의적 성향을 드러내고 있다. 형질(phenotypic traits)에 대해 "가상의 선택 환경"에 적합할 경우에 나타나는 "가상의 결과"를 제시하는 끼워 맞추기식 "사후 설명"(post-hoc explanation)의 악습이 진화 이론에서부터 철학, 심리학, 인류학, 사회학 및 심지어 미학과 신학이라는 전혀 다른 종류의 전통적인 학문들에까지 확산되었다. 어떤 사람들은 자연선택이야말로 "일반 산"(universal acid; 모든 물질을 녹일 수 있는 가상의 산성 물질 – 역자주)이며, 아무것도 그것의 용해력에 저항할 수 없다고 생각한다.

그러나 이러한 제국주의적인 자연선택설을 지지하는 내적 증거는 매우 빈약하다. 자연선택설의 신뢰성은 주로 생물학 자체에서 이를 합법적인 것으로 간주해준 간접적인 지지에 의존한다. 따라서 생물학에서 자연선택설이 사라지면 다른 분야들로 전이된 분파들도 사라질 가능성이 높다. 이는 매우 바람직한 결과인데, 왜냐하면 이 분파들이 대개 끼워 맞추기식 "사후 설명"(post hoc)에만이 아니라 임시변통(ad hoc)에도 능하며, 조잡하고 환원주의적이며, 과학적(scientific)이라기보다는 과학만능주의적(scientistic)이며, 수치심이 없고 자기 만족적이며, 세부자료가 부족하여 데이터를 끼워맞출 수밖에 없기 때문이다. 따라서 자연선택설이 참인지 거짓인지는 아주 중요한 문제다.[44]

우리가 다루는 주제와 관련된 제리 포더의 흥미로운 진술 가운데 하나가 그가 초기에 발표했던 논문에 실려 있다.

사실 상당수의 합리적인 생물학자들이 자연선택설을 더 이상 당연하게 받아들일 수 없는 이론으로 간주한다.…오늘날에 자연선택을 선별 교잡

(selective breeding)에 호소함으로써 설명하는 것은 심각한 오해이며, 그 것이 다윈을 오도하는 것이라고 우려하는 목소리도 높다. **교배자들에게는 마음이 있기 때문에**(강조는 저자가 덧붙임), 그들이 어떤 형질을 교배할 것인가라는 실제적인 문제가 있다. 답을 알고 싶거든 그들에게 물어보라. 이 문제는 자연선택과 교배 간의 유비를 한계점까지 끌고 간다. 그렇다면 우리가 자연선택에 대해 말할 때 어떤 해석을 의도하고 있는 것인가? 여기 서 그 질문에 대한 답은 활짝 열려 있다.[45]

예상했던 대로 포더의 주장은 적지 않은 반향을 불러일으켰다.

게다가 자연선택에 관해 의문을 제기한 사람은 그뿐만이 아니었다. 생물학자 윌리엄 프로빈(William Provine)은 개체군 유전학에 관한 고 전적인 저서의 개정판을 30년 만에 출간하면서, 자신의 견해가 "극적으 로 변했다"라고 후기에 적고 있다.

자연선택은 아무것에도 작용하지 않으며, 선택하거나(찬성이든 반대든), 강제하거나, 최대화하거나, 창조하거나, 수정하거나, 형성하거나, 작동하 거나, 견인하거나, 혜택을 주거나, 유지하거나, 압박하거나, 조정하지도 않 는다. 자연선택은 아무것도 하지 않는다. 자연력으로서의 자연선택은 이미 베허/슈탈(Becher/Stahl)의 플로지스톤(산소 발생 전까지 가연물의 주성 분 요소로 생각되었던 가상의 원소)이나 뉴턴의 "에테르"(빛을 전달하는 매체로 가상적으로 생각한 매질)와 같이 이제는 의미가 없는 상상의 범주 에 속한다.…선택의 책임을 자연선택에게 떠넘기는 것은 재치 있는 수단 인데, 그렇게 함으로써 자연선택의 실제 인과관계에 대해 해명할 의무를 면제받기 때문이다. 그런 식의 주장이 찰스 다윈에게는 용납될 수 있었지만 오늘날의 다윈주의자들에게는 용납될 수 없다. 창조론자들은 "자연선택"이라는 말이 공허한 것이며 자연도태의 "행위들"이 견고하지 못한 과녁이라는 점을 이미 입증했다.[46]

보다 최근에 생물학자 로버트 G. 리드(Robert G. Reid)가 『생물학적 출현: 자연 실험에 의한 진화』(*Biological Emergences: Evolution by Natural Experiment*)[47]라는 방대한 저서에서 자연선택에 관해 또 하나의 물음표를 더했는데, 이에 대해 크리스토퍼 로즈(Christopher Rose)는 다음과 같이 논평한다. "리드는 자연선택론자의 패러다임이 자연선택을 진화에서의 창조적 힘으로 오인했기 때문에 개념적으로 막다른 골목에 다다랐으며, 따라서 진화에서의 '혁신'(innovation) 개념을 이해하지 못한다고 설득력 있게 주장했다."[48] 리드는 다음과 같은 자신의 발언이 상당히 위험하다는 사실을 알고 있다. "신다윈주의자들은 창조론에 대해 매우 민감하기 때문에, 현재의 패러다임을 거스르는 어떠한 비판도 근본주의를 수용함으로써 과학적 세계관을 위반하는 것으로 치부한다. 따라서 그들은 도태 이론이 어떻게 진화에 관한 충분한 설명이라고 주장될 수 있는가라는 질문에 대해 답변하지도 않고 무시해버린다."[49] 이어서 그는 우리가 왜 자연선택설에 무게를 두어서는 안 되는지 상당히 설득력 있게 상술한다.

리처드 도킨스가 이제 와서 자연선택이 생명의 기원을 설명할 수 없다는 (명백한 사실을) 마지못해 인정하는 것은 그리 칭찬할 만한 일이 아닌 것 같다. 자연선택은 생명의 발달에서 거의 아무것도 설명해주지 않는 듯하다.

물론 그렇다고 해서 위에 인용한 과학자들이 자연주의적 패러다임을 포기했다는 것은 아니다. 그럼에도 그들은 이제 지나치게 단순한 환원주의를 포기하고 "출현주의적"(emergentist) 설명으로 노선을 변경했는데, 이 견해는 "지성적 원천으로부터의 정보의 투입"이라는 문제를 더욱 예리하게 제기할 뿐만 아니라 그러한 투입을 선험적으로 배제하는 것이 자의적이고 독단적이라는 점을 명백히 보여준다. 왜냐하면 "출현"은 숨겨진 수많은 가정들을 가려버리는 또 다른 교활한 용어이기 때문이다.[50]

크리스토퍼 로즈는 리드의 책에 대한 논평을 칭찬으로 마무리하면서 다음과 같은 흥미로운 말을 덧붙인다.

긍정적인 측면에서 보자면, 진화 생물학은 다세포성, 체제(body plan), 유연성(behavioural flexibility), 자기유지, 상동성(homology) 및 인간의 지성과 같은 속성들에 대해 환원주의적/유전자 중심적 설명을 넘어설 필요가 있다. 생명의 역사에서 주요한 사건들은 확실히 다양한 수준(DNA, 생체 분자, 생체 기관 등-역자주)의 유기체에서의 인과 요인들과 관련이 있는데, 그 수준 가운데 어떤 것도 다른 것에 대해 본유적으로 우선순위를 가지지 않는다. 그런가 하면 출현주의가 가지는 부정적인 측면도 있는데, 그것으로 인해 진화론을 가르치는 일이 더욱 힘든 도전거리가 될 것이며, 일반 대중(과 우리 자신)에게 생물학자들이 정말로 자신들이 하는 말을 이해하고 있다는 것을 확신시키기가 더 힘들어질 것이 분명하다.[51]

## 틈새들의 진화?

틈새의 신을 인정하는 데 따르는 책임이 심각하게 고려되어야 하는 것은 사실이지만, 유신론자도 지적으로 나태하게 "나는 그것을 설명할 수 없다. 그러므로 하나님이 그것을 하셨다"라고 말할 권리가 있다. 왜냐하면 자연주의자에게 허용되는 것은 유신론자에게도 허용되어야 하기 때문이다. 틈새의 신이라는 사고를 지닌 그리스도인들을 비난하는 많은 이들이 똑같은 잘못을 저지르고 있다. 예를 들어 우리가 위에서 이미 살펴본 것처럼, 알려진 법칙이 생명에 필요한 정보를 창조할 수 없다고 믿었던 폴 데이비스는 그 틈새를 메우기 위해 알려지지 않은 자연 법칙에 호소했다.

진화도 틈새를 메우기 위해 고안된 악명 높은 해법 가운데 하나다. "일이 이러저러하게 된 것이다"라는 추측에 근거한 이야기를 만들어내 놓고 그저 "진화가 그렇게 했다"라고 말하는 것은 어려울 게 하나도 없다. 자연주의적 확신을 가진 과학자라면 오직 자연적 과정만이 생명과 그 다양한 형태의 존재들에 대해 책임이 있다고 말해야 한다. 왜냐하면 자연주의적 세계관 내에서는 허용될 수 있는 다른 대안이 없기 때문이다.

생명의 존재를 가능하게 하는 물질의 속성들에 관한 연구로 노벨상을 받은 물리학자 로버트 로린(Robert Laughlin)은 그러한 생각에 내포된 위험성에 대해 다음과 같이 경고한다.

오늘날 생물학의 많은 부분이 관념적이다. 관념적 사고가 보여주는 심각한 증상 중 하나는 그것이 어떤 함의도 없으며 테스트될 수도 없다고 설명하는 것이다. 나는 그러한 논리적 궁지들을 반(反)-이론이라고 부르는데, 왜냐하면 그것들이 진정한 이론들과 정반대의 효과를 내기 때문이다. 그것들은 생각을 자극하기보다는 멈추게 한다. 예를 들어 다윈이 위대한 이론이라고 생각했던 "자연선택에 의한 진화"는 최근 들어 당황스러운 실험상의 단점들을 덮어주거나, 기껏해야 의문스럽고 더 심한 경우에는 틀린 것조차도 아닌(not even wrong) 발견들을 정당해주기 위해 도용된 반-이론으로 전락해버렸다. 당신의 단백질은 집단 행동(mass action) 법칙을 거스른다. 그런데 진화론은 그것을 수용한다! 당신의 복잡한 화학 반응군은 결국 닭을 만들어내고 말 것이다. 이것이 진화론이다! 인간의 두뇌가 그 어떤 컴퓨터도 흉내낼 수 없는 논리적 원칙들에 따라 작용한다고? 관념적 사고는 그것도 진화의 결과물이라고 말할 것이다![52]

나는 틈새의 진화에 대한 믿음이 틈새의 신에 대한 믿음보다 더 보편화된 것은 아닌가 하는 의심이 드는데, 아마도 사람들이 후자에 집중하는 동안 전자가 발각되지 않고 번성할 수 있었던 것 같다.

이 문제를 더 깊이 다루고 싶은 유혹을 받는 것이 사실이지만, 여기서는 혈통과 설계에 관한 사고 실험을 소개하는 것으로 마무리해야겠다. 어느 날 과학자들이 실험실에서 생명 없는 화학물질들로부터 생명체를 만들어냈다고 가정하자. 크레이그 벤터(Craig Venter)가 컴퓨터에서 프로그램화된 게놈을 사용하여 합성 박테리아를 만들어냈다는 사실을 알고 있는 많은 사람들이 그것을 믿을 것이다. 더 나아가 이 생명체가 번식하여 "X종"(Species X)이라는 새로운 종을 이루었다고 가정

192

하자. 훗날 그에 대한 모든 과학 기록이 유실된 상황에서 과학자들이
"X종"을 만났다고 상상해보자. 그때도 신다윈주의가 여전히 지배적인
패러다임이라면 과학자들은 불가피하게 "X종"이 방해받지 않은 자연
적 진화 과정에 의해 다른 모든 생명들과 관련되어 있다고 주장할 것
이다. 그리고 우리가 아는 것처럼 그들의 주장은 잘못된 것이다. 그렇
지 않은가? "X종"이 다른 종들에 대해 갖는 관계는 지성적 원천으로부
터의 특수하고 개별적인 정보의 투입과 관련이 있다. 더욱이 인간 지성
의 개입은 근본적으로 신다윈주의에게는 생경한 것이다. 하나님에 의
해 인간이 특별하게 창조되었다는 주장이 오늘날의 신다윈주의자들에
게 생경한 것처럼 말이다. 그러나 신다윈주의가 우리가 구입할 수 있는
유일한 안경은 아니다.

<br>

주

## 서론

1) 여기서는 유대교, 기독교, 무슬림, 또는 기타 종교의 신앙을 가르치는 학교를 말한다.

2) John C. Lennox, *God's Undertaker: Has Science Buried God?* (Oxford: Lion Hudson, 2009).

## 1장 지구가 움직인다고? 역사로부터의 교훈

1) 종종 프톨레마이오스 우주체계라 불린다.

2) heliocentric은 "태양"을 의미하는 그리스어 *helios*에서 나온 말로 "태양이 중심에 있는"이라는 뜻이다.

3) Martin Luther, *Table Talk*. Nicolaus Copernicus, *On the Revolutions of the Heavenly Spheres*에 인용됨(*Great Books of the Western World* [Chicago: Encyclopaedia, 1939], 499-838로 재출간).

4) John Hedley Brooke, *Science and Religion* (Cambridge: Cambridge University Press, 1991), 96.

5) John Calvin, *Commentary on the book of Psalms* (Grand Rapids: Eerdmans, 1949), 4:6-7.

6) Grand Duchess Christina에게 보낸 편지, 1615.

7) Stillman Drake, *Discoveries and Opinions of Galileo* (New York: Doubleday, 1957), 237.

8) Galileo Galilei, *Dialogue concerning the Two Chief World Systems*, Stillman Drake 역 (Berkeley: University of California Press, 1953), 104.

9) John C. Lennox, *God's Undertaker: Has Science Buried God?* (Oxford: Lion

Hudson, 2009), 23-26을 보라.

## 2장 지구가 움직인다고? 성경에 관한 교훈

1) 이는 흔히 "문자적 방법"이라고 불린다. 문자적이라는 말의 사용에 대해서는 아래에서 논의할 것이다.

2) 이는 신약성서에서 "부활"을 가리키기 위해 사용된 그리스어 *anastasis*의 의미이다.

3) 사도행전 1장은 의사와 역사가로서 성서의 다른 어떤 저자보다 과학 교육을 많이 받았던 누가에 의해 기록되었음을 주목해야 한다. 과학 및 기적과 관련하여 발생하는 문제들에 대한 누가의 이해에 관해서는 David W. Gooding, *According to Luke* (Leicester, UK: Inter-Varsity, 1987), 37ff를 보라. 과학적 관점에 대해서는 John C. Lennox, *God's Undertaker: Has Science Buried God?*(Oxford: Lion Hudson, 2009), 12장을 보라.

4) 하나님이 성경에서 특정 인물에게 말씀하실 때, 어떻게 그렇게 하셨는지는 알 수 없지만 하나님은 인간의 언어를 사용하신다. 더 나아가 우리는 하나님의 형상으로 만들어졌다는 의미에서 하나님의 언어가 일차적 언어이고 인간의 말은 이에서 파생된 것이라고 말할 수도 있다.

5) Henri Blocher, *In the Beginning* (Leicester, UK: Inter-Varsity, 1984), 18.

6) magisterium은 가르치는 기구(body of teaching)이다.

7) John Calvin, *Commentaries on the First Book of Moses, Called Genesis*, John King ed. (Grand Rapids: Eerdmans, 1988), 179.

8) 또한 현대 영어에서는 대략 20만 단어가 사용되고 있지만, 성서 히브리어의 어휘는 4천 단어도 안 된다는 점도 주목해야 할 것이다.

9) John Calvin, *Commentaries on the Book of Psalms*, vol. V (Edinburgh: T. Constable, 1849), v. 7, p.184.

10) 나는 지금 하루 24시간을 의미하는 것이 아님을 주목하기 바란다. 이에 대해서는 뒤에 보다 자세히 논의한다.

11) Augustine, *The Literal Meaning of Genesis*, vol. 1 (Mahwah, NJ: Paulist Press, 1982), chap. 19, v. 39, 42.

12) 오늘날에도 여전히 아리스토텔레스의 견해를 유지하는 웹사이트가 있기는 하지만 말이다. www.fixedearth.com.

13) Lennox, *God's Undertaker* 12장을 보라.

14) 물론 무엇이 중심적이고 무엇이 주변적인지에 관한 의견이 종종 다를 것이다.

15) 수학적 관점에서는 행성들의 역학에 다소의 혼란이 있다. 현재 우리는 충분히 정확히

최초의
7일

측정할 수 없기 때문에, 1억년 뒤에 행성들이 어디에 위치할지 정확히 예측할 수 없다. 그러나 이러한 무질서한 요소는 제한되어 있는 듯하다.

16) John Hedley Brooke, *Science and Religion* (Cambridge: Cambridge University Press, 1991), 96.

17) 런던 하늘 바로 위를 지나가는 별. Bradley는 지구의 속도 변화에 기인하는 별들의 명백한 위치가 해마다 변하는 것을 발견했다. 그러한 계산으로 지구의 궤도 운항 속도가 초속 30km라고 추정하게 되었다.

18) 패러다임은 그 안에서 과학이 수행되는 큰 그림 또는 프레임워크다.


## 3장 지구는 오래되었는가? 창조의 날들

1) Calvin은 이렇게 기록했다. "여기서 세상이 순식간에 창조되었다는 입장을 유지하는 사람들의 오류가 명확하게 반박된다. 왜냐하면 모세가 하나님이 단번에 완성하신 일을 단순히 교훈을 전달할 목적으로 6일 동안에 걸쳐 나눠놓으셨다고 주장하는 것은 너무 지나친 생트집이기 때문이다. 그보다는 인간이 하나님의 역사를 수용할 수 있도록 하나님 자신이 이를 6일 사이에 걸쳐 이루셨다고 결론을 내리자." *Commentaries on the first book of Moses, called Genesis* (Grand Rapids: Eerdmans, 1948), chap. 1, v. 5, 78.

2) Irenaeus, *Irenaeus Against Heresies,* book V, Alexander Roberts and James Donaldson, *Ante-Nicene Christian Library: Translations of the Writings of the Fathers down to A.D. 325,* vol. IX(Edinburgh: T&T Clark), 118.

3) Alexander Roberts and James Donaldson, *Ante-Nicene Christian Library: Translations of the Writings of the Fathers down to A.D. 325,* vol. II (New York: Charles Scribner's Sons, 1899), 513.

4) G. W. Butterworth (역), *Origin on First Principles* (Gloucester: Peter Smith, 1973), 288.

5) Augustine, *The City of God: Writings of Saint Augustine,* vol. 14 (Ann Arbor: University of Michigan/Fathers of the Church, 1947), 196.

6) 이 문제에 관해 매우 유용한 논의가 C. John Collins, *Genesis 1-4: A Linguistic, Literary, and Theological Commentary* (Phillipsburg, NJ: P&R, 2006), 13ff에 나와 있다.

7) 부록 A에서 이집트, 아시리아 및 메소포타미아의 주변 고대 제국들에서 기록된 일부 관련 자료들에 대해 논의한다.

8) 부록 B에서 창세기의 우주론이 문화상대주의적이라는 영향력 있는 하나의 예를

살펴본다.

9) 잘 알려진 대표주자들이 주요한 주제를 놓고 벌이는 토론은 David G. Hagopian, ed, *The Genesis Debate: Three Views on the Days of Creation* (Mission Viejo, CA: Crux Press, 2001), J. P. Moreland and John Mark Reynolds, eds., *Three Views of Creation and Evolution* (Grand Rapids: Zondervan, 1999)을 보라.

10) J. G. von Herder, *The Spirit of Hebrew Poetry*, trans. James Marsh (Burlington, Ontario: Edward Smith,1833), 1:58. 또한 Gordon J. Wenham, *Genesis 1-15*, Word Biblical Commentary (Waco, TX: Word Books, 1987), 6-7을 보라. 또한 Hagopian, T*he Genesis Debate*에 인용된 다양한 자료들을 보라.

11) David W. Gooding, *According to Luke* (Leicester, UK: Inter-Varsity, 1987)을 보라.

12) John Walton, *The Lost World of Genesis One* (Downers Grove, IL: InterVarsity, 2009), 92. 보다 자세한 내용은 부록 B를 보라.

13) 이 점 또한 케임브리지 대학교 틴데일 하우스 학장이며 성서 언어 전문가인 Peter Williams에 의해 지적되었다.

14) Derek Kidner, *Genesis* (Leicester, UK: Inter-Varsity Press, 1967), 54-55.

15) Collins, *Genesis 1-4*, 74.

16) 이사야 45:18. 이러한 독법은 확실히 땅의 "공허한" 상태가 창세기 1장 1절과 2절 사이에 발생했던 어떤 커다란 재앙의 결과였음을 암시하는 것으로 보는 것보다 이 텍스트를 읽는 더 자연스러운 방법이다.

17) 이 진술의 의미에 대해서는 5장에서 다룰 것이다.

18) 이 입장은 날-시대 견해와 프레임워크 견해 모두에 의해 받아들여진다.

19) 히브리서 4:3-11을 보라.

20) Basil은 다음과 같이 덧붙인다. "성경이 우리에게 많은 시대들에 대해 말한다 해도, 즉, 'ages of ages'라고 하는 모든 곳에서, 성경은 이들을 첫째, 둘째, 셋째로 열거하지 않는다. 그래서 여기서 우리는 시대들의 한계, 끝, 연속이라기보다는 다양한 상태 및 행동 양태들 사이의 구분을 보게 된다." P. Schaff and H. Wace, *A Select Library of Nicene and Post-Nicene Fathers of the Christian Church: St. Basil: Letters and Select Works*, vol. VIII, 2nd series (New York: Christian Literature Company, 1895), 64.

21) 히브리어 성경에는 영어의 부정 관사에 해당하는 요소가 없지만, 학자들에 따르면 이같이 번역할 수도 있다.

22) 특정 책의 한 섹션 또는 짧은 구절을 일컫는 기술적 용어("주위를 자르다"를 뜻하는 그리스어에서 나옴).

23) Collins, *Genesis 1-4*, 51.

24) 이 견해의 변형이 Robert Newman과 Herman Ecklemann에 의해 주어졌는데, 그들은 각각의 날이 새로운 창조 기간을 연다고 제안한다(*Genesis One and the Origin of the Earth* [Leister, UK: Inter-Varsity Press, 1977], 64-65). 또한 J. P. Moreland and Mark Reynolds, eds., *Three Views on Creation and Evolution* (Grand Rapids: Zondervan, 1999), 105-133에 나오는 Newman의 "Progress Creationism"을 보라.

25) 명령(fiat)은 "빛이 있으라"를 뜻하는 "Fiat Lux"에서와 같이 "~이 있으라"를 뜻하는 라틴어다. 셋째 날과 여섯째 날에는 그러한 명령이 하나 이상이다.

26) 이는 주류 진화론에 의해 제안되는 것과 매우 다름을 주목하라. 보다 자세한 내용은 부록 E 및 Lennox, *God's Undertaker*를 보라.

27) 우리가 관찰하게 될 논쟁이 없는 종류의 소진화 과정들은 각각의 창조일의 완성 및 정착의 일부일 것이다.

28) Alan Hayward, *Creation and Evolution* (London: SPCK, 1987), 169.

29) 또한 사도행전 1:18-19의 보다 긴 삽입구절도 보라.

30) Hayward, *Creation and Evolution*, 170-171

31) Hayward, *Creation and Evolution*, 176-177.

32) C. John Collins, *Science and Faith* (Wheaton: Crossway, 2003), 95.

33) 즉, 어떤 사람들이 생각하는 것처럼 날들의 길이 자체가 이러한 주요 교리들 중 하나라고 믿지 않는 한 말이다.

34) 특히 Hugh Ross는 *Genesis Questions*, 2nd expanded ed. (Colorado Springs: Navpress, 2001), 43에서 이렇게 제안했다. 이 견해에 의하면 (물리학의 표준적인 뜨거운 빅뱅 모델에서와 같이) 지구는 뜨겁게 시작했고, 따라서 태양은 시작부터 존재하고 있었지만 지구가 충분히 식어서 구름 덮개가 엷어져 사라지기까지는 지구에서 볼 수 없었을 것이다. 관찰자는 태양 빛을 볼 수는 있었지만 그 원천은 보지 못했다. 또한 태양이 보이지 않더라도 그 빛은 볼 수 있고 그 열이 생명 과정의 유지를 촉진할 수는 있다.

35) Collins, *Science and Faith*, 57.

36) 이는 Walton의 우주적 성전 견해에서 매우 강조되는 점이다.

37) 물론 사람들이 다른 시기에 어떻게 생각했는지 주목하는 것은 언제나 중요하다.

38) Moreland and Reynolds, *Three Views of Creation and Evolution*, 73(강조는 저자가 덧붙임). 나는 단지 지구의 나이 면에서 생각할 경우 늙은 지구 독법이 젊은 지구 독법에 비해 덜 자연스럽다는 주장이 납득되지 않는다. 그 이유는, 이 번 장의 앞에서 보았듯이, 창세기 1장의 텍스트가 최초의 창조를 첫째 날로부터 분리시킨다는 점에서 지구의 나이는 논리적으로 날들의 성격과는 별개의 사안이기 때문이다.

**4장 인간: 특별한 피조물인가?**

1) Peter Singer "Sanctity of Life or Quality of Life?" *Pediatrics* 72, no. 1 (July 1983): 128-129.

2) John Gray, *Straw Dogs* (London: Granta Books, 2003), 37.

3) 이 사안에 대해 더 알고 싶은 독자들은, Lennox, *God's Undertaker*를 보기 바란다.

4) 아래 섹션을 보라.

5) 성경 및 고대의 인간의 족보에 대한 논평은 아래를 보라.

6) 여자의 창조와 관련된 세부사항과는 별개로, 바울은 "아담이 먼저 지어지고, 이브가 나중에 지어졌으며"(딤전 2:13) "여자는 남자로부터 [만들어졌다]"(고전 11:8)고 명확히 말하는 것을 주목하라.

7) Denis Alexander, *Creation or Evolution: Do We Have to Choose?* (Oxford: Monarch, 2008), 236ff.

8) Alexander, *Creation or Evolution*, 237.

9) Alexander, *Creation or Evolution*, 237-238.

10) 창 17:1; 18:1.

11) Alexander, *Creation or Evolution*, 238.

12) Alexander, *Creation or Evolution*, 193.

13) Alexander, *Creation or Evolution*, 237. 강조는 저자가 덧붙임.

14) 예를 들어 Alexander, *Creation or Evolution*, 232을 보라.

15) 인류에 변형들이 있다는 명백한 사실과 관련해서, 바울이 아테네의 철학자들에게 하나님이 한 사람으로부터 모든 민족들을 만들었다고 알려주는 것을 주목할 필요가 있다(행 17:26)

16) 이와 반대로 우리를 설득시키려는 David Hume에서부터 "새로운 무신론자들"에 이르기까지 많은 사상가들의 시도에도 불구하고, 과학은 이런 유의 기적을 배제할 수 없다. Lennox, *God's undertaker*, 12장을 보라.

17) K. A. Kitchen, *On the Reliability of the Old Testament* (Grand Rapids: Eerdmans, 2003), 440.

18) Kitchen, *On the Reliability of the Old Testament*, 441.

19) 본문에서 "사과"는 언급되지 않는다.

20) 또한 John Walton, *The Lost World of Genesis One* (Downers Grove, IL: InterVarsity, 2009), 100도 보라.

21) Derek Kidner는 식물을 모든 생물들의 음식으로 지정한 것(1:29-30)이 "모두 한 때는 채식성이었음을 의미한다거나, 모든 식물들이 모두에게 똑같이 먹을 만했음을 의미하는 것으로 강하게 주장되어서는 안 된다"고 지적한다. 이는 모든 생명들이

직간접적으로 식물에 의존한다는 사실에 대한 일반화이며, 이 절의 관심사는 모두 하나님의 손으로부터 음식을 받는다는 점을 보여주는 것이다" (*Genesis* [Leicester, UK: Inter-Varsity Press, 1967], 52).

22) 14세기 영국 프란체스코회 사상가 William of Ockham이 말한 것으로 알려진 원칙은 다른 측면들에서는 동일한 여러 경쟁 가설들 중에서 새로운 가정을 가장 적게 하는 가설을 선호해야 한다는 것이다. 이는 가장 단순한 설명이 언제나 옳은 설명일 것이라고 (그릇되게) 주장하지 않는다.

23) 여기에 구약 시대에 이스라엘에게 죄와 죽음의 연결을 가르치고, 이를 통해 죄를 위한 희생제사로서의 그리스도의 죽음을 예표하기 위해 사용된 동물 제사에 관한 세부사항을 추가할 수도 있다. 희생제사를 드리는 방법에 관한 지시에서 희생 동물은 병에 걸린 것이 아니어야 한다는 점이 매우 강조된다. 이 면에서 질병은 죽음과 구분되어야 한다. 레위기 1:3, 10; 3:1, 6 및 많은 다른 참고 구절들을 보라.

24) 이 나무를 문자적으로 또는 비유적으로 어떻게 이해해야 하는지에 대해서는 끝없는 논쟁이 있다. 앞의 논의에 비추어서 이 나무를 비유적으로 간주할 경우, 즉시 어떤 실재를 위한 비유인가라는 질문을 받게 될 것이다. 생명의 영약(elixir of life)에 관한 고대의 전설에 사실적 근거가 있는가, 즉 한 때는 실제 생명 나무가 있었다는 것일 수 있지 않겠는가? 어느 경우에든 우리는 (일반적으로 생각하는 것과는 달리) 그 열매가 무엇이었는지 들은 바 없으며, 따라서 중요한 점은 그것이 무엇을 나타내는가이다.

25) 동물들에게 식물을 먹이로 주는 지시(창 1:30)가 동물에게가 아니라 인간에게 주어졌음을 주목하면 흥미롭다. 왜 그랬는가? 다음과 같은 가능성이 있을 수도 있다. 인간은 방금 전에 무엇이 자신들의 음식이 될지에 대해 들었다. 그들은 물고기, 짐승, 그리고 새들을 정복하라는 명령을 받았다. 그들에게는 정복이 짐승들로 하여금 인간의 음식에 손을 대지 못하게 만드는 것을 포함하지 않는다는 점을 아는 것이 중요했을 테고, 이는 최소한 그들 중 일부는 식물이 아닌 음식을 먹었을 수도 있음을 암시한다. 창세기 9장에는 짐승들에게 이제부터는 육식을 하라는 명시적인 명령이 없다. 그러나 인간에게는 그때부터 짐승들을 잡아먹는 일이 허용되었다.

26) C. S. Lewis, *The Problem of Pain* (New York: Simon & Schuster, 1996), 119.

27) Lewis, *The Problem of Pain*, 122-123.

28) Paul Nelson and John Mark Reynolds, "Young Earth Creationism," in J. P. Moreland and John Mark Reynolds, eds., *Three Views on Creation and Evolution* (Grand Rapids: Zondervan, 1999), 51.

**5장 창세기 1장의 메시지**

1) 게다가 이것은 과학이 어떻게 가능한지를 설명해주는 세계관이다. John C. Lennox, *God's Undertaker: Has Science Buried God?* (Oxford: Lion Hudson, 2009), 20ff를 보라.

2) 다시 말해 대조되는 부분들을 언급함으로써 전체가 표현되는 비유법. 창세기에서 이에 대한 또 하나의 예를 들자면, "선과 악에 대한 지식"이라는 어구는 "모든 것에 대한 지식"을 표현하기 위한 제유법이다.

3) 흥미롭게도 무로부터의 창조는 유대교 문헌인 마카베오하의 저자에 의해 지지된다. "아이야, 천지와 그안에 있는 모든 것을 보고, 하나님이 존재하는 것들로부터 그것들을 만드신 것이 아니라는 사실을 깨단거라"(7:28-29 NRSV).

4) 시기는 표준 (빅뱅) 이론의 일부이기 때문에, 이 비유는 시기보다는 방식에 적용됨을 주의하라.

5) 부록 A를 보라.

6) 삼위일체라는 단어는 신약에 나오지 않지만, Thomas Torrance는 삼위일체 교리가 기독교에서 만들어낸 것이라기보다는 하나님이 자신을 계시하신 방식임을 지적한다. 그의 *The Christian Doctrine of God* (Edinburgh: T&T Clark, 1996)을 보라.

7) 따라서 여섯째 날에 대한 묘사가 다른 날들에 대한 묘사보다 긴 것은 적절하다.

8) Lennox, *God's Undertaker*, 4장을 보라.

9) Henry Margenau and Roy A. Varghese, eds., *Cosmos, Bios, Theos: Scientists Reflect on Science, God, and the Origins of the Universe, Life, and Homo Sapiens* (La Salle, IL: Open Court, 1992), 83에 나오는 Arno Penzias, "Creation Is Supported by All the Data So Far."

10) Paul Davies, *The Mind of God* (London: Simon and Schuster, 1992), 232.

11) Lennox, *God's Undertaker*, 177-178.

12) 과학과 기적이 양립할 수 없다는 반대에 대해서는, Lennox, *God's Undertaker*, 135-192을 보라.

13) 이 강조는 David W. Gooding 교수가 처음으로 내게 지적해준 것이다.

14) *The Genesis Enigma* (London: Doubleday, 2009)의 저자인 생물학자 Andrew Parker는 이 분야의 세계적인 권위자다.

15) 태양이 소멸한다면 인간은 인공의 빛과 열의 근원이 있다 할지라도 오래 생존하지 못할 것이다.

16) 또한 Gordon J. Wenham, *Genesis 1-15*, Word Biblical Commentary (Waco, TX; Word Books, 1987), 35도 보라. 그는 안식일이 메소포타미아인들의 달에 의해 규제되는 주기에 대한 반대로 도입되었을 수도 있다고 제안한다.

17) 요일들을 가리키는 영어 명칭들은 행성 및 이교도 신들의 이름에서 나온 것이기 때문에, 이를 상기하는 것이 좋다.

18) Leon Kass, *The Beginning of Wisdom* (Chicago: University of Chicago Press, 2006), 52.

19) Jonathan Sacks, *The Dignity of Difference: How to Avoid the Clash of Civilizations* (New York and London: Continuum, 2002), 167.

20) Augustine, *Confessions*, Books 1-4, ed. G. Clark (Cambridge: Cambridge University Press, 2001), 84.


**부록 A: 창세기에 대한 간략한 배경 설명**

1) 이 용법은 매우 오래되었으며 기원전 18세기부터 고대 셈족 세계에 보편적이었다. K. A. Kitchen, *The Old Testament in Its Context*, www.biblicalstudies.org.uk/pdf/ot_context-1_kitchen.pdf old_testament_in_its_context, 9-10을 보라.

2) 히브리어 구문의 한 형태

3) C. John Collins, *Genesis 1-4: A Linguistic, Literary, and Theological Commentary* (Phillipsburg, NJ: P&R, 2006), 43.

4) 예컨대 독일어 성경에서.

5) K. A. Kitchen, *On the Reliability of the Old Testament* (Grand Rapids: Eerdmans, 2003), 424.

6) Georges Roux, *Ancient Iraq* (London: Penguin, 1992), 95.

7) Kitchen은 이렇게 말한다. "주제 면에서 창조는 창세기 1-2의 중심 관심사지만, 바빌론의 마르둑 신의 패권 묘사에 전념하는 「에누마 엘리쉬」에서는 부속물에 지나지 않는다." (*On the Reliability of the Old Testament*, 424.)

8) Roux, *Ancient Iraq*, 96.

9) 기원전 제2천년기 초반에 기록됨. Kitchen, *On the Reliability of the Old Testament*, 423을 보라.

10) 20세기 초에 유행하다가 오늘날에는 광범위하게 무시당하는 소위 문서설을 근거로.

11) 그러한 신들의 계보학은 대개 신들이 어떻게 원시 물질로부터 만들어졌는가를, 따라서 현대 용어로는 자연과 그 힘들의 신격화를 묘사한다. 따라서 이 신들은 "물질적" 신들인데, 그렇기 때문에 그러한 고대 세계관은 생각보다는 현대 물질주의와 훨씬 가까운 위치에 있다.

12) Roux, *Ancient Iraq*, 98.

13) 아시리아, 이집트, 가나안 및 바빌론의 다신론들 사이에는 상당한 유사성이 있다.

14) 바울은 창조로부터의 이 논쟁을 사용하여 아테네인들의 우상숭배에 이의를 제기한다. 사도행전 17:22-25을 보라.

15) 과학적 사고가 시작되기 위해 그리스인들의 사고에서 필요했던 우주의 탈신격화와 유사하다.

16) K. A. Kitchen, *Ancient Orient and Old Testament* (London: Tyndale Press, 1966), 89.

17) Richard S. Hess and David T. Tsumura, eds., *I Studied Inscriptions form before the Flood: Ancient Near Eastern and Literary Approaches to Genesis 11* (Winona Lake, IN: Eisenbrauns Inc., 1994)에 나오는 Allan Millard, " A New Babylonian 'Genesis Story.'"

18) 병행하는 전통들의 존재는 그것들을 태동시킨 공통의 사건이 있다는 증거라는 점을 언급할 필요가 있다. 예를 들어 잘 알려진 "수메르 왕들의 목록"은 홍수 이전 왕들과 왕조들의 명단, 그 다음에 홍수, 그리고 이어서 홍수 이후 왕조들의 긴 목록을 제공한다. 이 문서는 기원전 20세기에서 19세기 사이에 작성된 것으로 추정된다. Kitchen은 다음과 같이 지적한다. "이 문서가 우리에게 중요한 이유는 그것이 어떤 특정 홍수가 자신들의 초기 역사의 과정을 중단시켰으며, 사실상 그들의 판단으로는 그 홍수가 역사적 사건이라는 수메르-바빌로니아인들의 확신을 보여주기 때문이다. 따라서 그런 측면에서 창세기와 그러한 서사시들이 증언하는 사건들도 신화가 아니라 '원시-역사'에 속한다고 할 수 있다. K. A. Kitchen, *The Old Testament in the Context*, www.biblicalstudies.org.uk/pdf/ot_context-1_kitchen.pdf old testaments in its context, 3을 보라.

19) Kitchen, *On the Reliability of the Old Testament*, 424.

20) K. A. Kitchen, *The Old Testament in the Context*, www.biblicalstudies.org.uk/pdf/ot_context-1_kitchen.pdf old testaments in its context, 3.

21) Kitchen, *On the Reliability of the Old Testament*, 427.

22) Collins, *Genesis 1-4*, 243.

**부록 B: 우주적 성전 견해**

1) Gordon Wenham, "Sanctuary Symbolism in the Garden of Eden Story," *Proceedings of the Ninth World Congress of Jewish Studies* (Jerusalem: World Union of Jewish Studies, 1986), 19에 수록된 글

2) Rikki E. Watts, *Making Sense of Genesis 1*, Science in Christian Perspective, 2002. http://asa3.org/ASA/topics/Bible-Science/6-02Watts.html을 보라.

3) John Walton, *The Lost World of Genesis One* (Downers Grove, IL: InterVarsity, 2009), 83.

4) Walton, *The Lost World of Genesis One*, 96.

5) Walton, *The Lost World of Genesis One*, 171.

6) Walton, *The Lost World of Genesis One*, 44.

7) Walton, *The Lost World of Genesis One*, 26.

8) Walton, *The Lost World of Genesis One*, 43.

9) Walton, *The Lost World of Genesis One*, 139.

10) 또한 F. Brown, S. R. Driver, and C. A. Briggs, *A Hebrew and English Lexicon of the Old Testament* (Oxford: Clarendon, 1907)에 나오는 "bara"도 보라.

11) 그럼에도 기능적 창조에 관한 Walton 자신의 많은 예들(예컨대 컴퓨터, 대학, 회사, 예술작품)에서 물질들이 관련된다! "터무니없는"이라는 말은 이곳에서 사용하기에 아주 부적절해 보이는데, 왜냐하면 최소한 물질적인 존재가 없는 무언가에 대해 기능적 속성을 부여하기 어렵다고 생각할 것이기 때문이다.

12) Walton, *Lost World of Genesis One*, 43.

13) 이는 Walton 자신의 해석 방법과 완전히 일치한다. "단어들의 의미는 이 단어들이 사용되고 있는 방법에 의해 확립되고 결정된다"(p. 40). 따라서, "바라"가 언제나 "무로부터의 창조"를 의미하는 것으로 사용되지는 않지만, 창세기 1:1은 확실히 이 단어가 그런 식으로 이해될 수도 있다는 증거 중 하나다.

14) J. G. McConville and Karl Moeller, eds., *Reading the Law: Studies in Honour of Gordon J. Wenham* (London: T&T Clark, 2007)에 나오는 Robert Gordon, "The Week That Made the World: Reflections on the First Pages of the Bible."

15) Walton, *Lost World of Genesis One*, 72.

16) 흥미롭게도 Walton은 이 텍스트의 기록 연대에 대해 논의하지 않는다.

17) Walton, *Lost World of Genesis One*, 84.

18) Reformed Academic. blogspot.com, 2009년 11월 26일에 게재된 Collins의 리뷰를 보라.

19) 위에서 언급한 요한복음 1:3에서도 맥을 같이한다.

20) Walton, *Lost World of Genesis One*, 90-91.

21) Walton, *Lost World of Genesis One*, 70.

22) Walton, *Lost World of Genesis One*, 91.

23) Walton, *Lost World of Genesis One*, 88.

24) 안식일에 대한 참고자료와 함께 부록 E를 보라

25) Walton, *Lost World of Genesis One*, 16.

26) 부록 C를 보라.

27) 이 점에 대해서도 부록 C를 보라.

28) Ptah가 말을 통해 창조하는 이집트의 멤피스 우주론에는 이 점에서 재미있는 유사성이 있다.

29) John C. Lennox, *God's Undertaker: Has Science Buried God?* (Oxford: Lion Hudson, 2009), 11장.

30) Walton, *Lost World of Genesis One*, 12-13.

31) Derek Kidner, *Genesis* (Leicester, UK: Inter-Varsity Press, 1967), 56에서 인용함.

32) Andrew Parker, *The Genesis Enigma* (London: Doubleday, 2009), xii-xiii.

33) Parker, *The Genesis Enigma*, 238.

34) Walton, *Lost World of Genesis One*, 18.

35) ESV의 "머리"와 NIV의 "마음"을 비교하라.

36) Walton, *Lost World of Genesis One*, 19.

37) Walton, *Lost World of Genesis One*, 128.

38) Lennox, *God's Undertaker*, 135-192.


## 부록 C: 창세기 및 과학에 따른 우주의 기원

1) 그러한 과학자 중에는 학술 저널 *Nature*의 당시 편집자였던 John Maddox가 있다.

2) Leo Kass, *The Beginning of Wisdom* (Chicago: University of Chicago Press, 2006), 각주 28.

3) Bill Bryson, *A Short History of Nearly Everything* (London: Black Swan, 2004), 28.

4) 옥스퍼드 대학교 전 물리학 교수, 이후 영국 기상청장, 그 후 노벨상을 수상한 "정부 간 기후 변화 패널"(IPCC) 의장을 역임함.

5) John Houghton, *The Search for God: Can Science Help?* (Oxford: Lion, 1995), 27-28.

6) 이러한 조율의 예로는 위의 John. C. Lennox, *God's Undertaker: Has Science Buried God?* (Oxford: Lion Hudson, 2009), 31-46을 보라. (이는 "과학의 범위 및 한계"에 관한 장이다.)

7) Houghton, *Search for God*, 33-34.

8) 보다 자세한 설명은 John C. Lennox, *God's Undertaker: Has Science Buried God?* (Oxford: Lion Hudson, 2009), 45을 보라

9) "하늘들과 땅"에 대해서는 5장 중에서 "하나님은 영원한 창조주다"의 각주를 보라.


206

**부록 D: 두 개의 창조 기사?**

1) C. John Collins, *Genesis 1-4: A Linguistic, Literary, and Theological Commentary* (Phillipsburg, NJ: P&R, 2006), 126.

2) 이 견해의 한 가지 (주요) 변형은 John Sailhamer, *Genesis Unbound* (Sisters, OR: Multnomah Books, 1996)의 견해이다. 그는 창세기 1:1이 우주의 창조 기간을 묘사하며, 창세기 1:2-2:4a는 약속된 땅이라는 특정한 땅이 준비되고 인간이 창조되었던 한 주간(일반적인 의미에서의 한 주간)을 묘사한다는 입장을 유지한다.

3) NIV는 의미를 밝히기 위해 과거완료 시제를 사용한다. 과거완료 시제의 사용에 관한 보다 자세한 언급은 Norman Nevin, ed., *Should Christians Embrace Evolution?* (Nottingham, UK: Inter-Varsity, 2009)에 수록된 Alistair Mckitterick의 논문 "The Language of Genesis" 및 그곳에 제공된 참고문헌들을 보라. 그러나 Robert Gordon은 과거완료 시제의 도입이 창세기 1장과 2장의 내러티브 사이에 인식된 긴장에 대한 부분적이고 피상적인 위안을 줄 뿐이라는 입장을 취한다는 점을 주목해야 한다. (J. G. McConville and Karl Moeller, eds., *Reading the Law: Studies in Honour of Gordon J. Wenham* [London: T&T Clark, 2007]에 수록된 "The Week That Made the World: Reflections on the First Pages of the Bible"을 보라.)

4) C. John Collins, "The Wayyiqtol as 'Pluperfect: When and Why?" *Tyndale Bulletin* 46, no.1 (1995): 117-140.


**부록 E: 유신 진화론과 틈새의 신**

1) 예를 들어 욥기 38-39장, 그리고 시편 104편을 보라.

2) 이 말이 일종의 유사 이신론으로 생각되어서는 안 된다. 유사 이신론은 하나님이 일련의 창조 행위들을 수행했지만 이후 우주의 유지에는 관여하지 않는다고 가르친다.

3) 5장 중에서 "하나님은 자신의 피조물들과 구분된다"와 "하나님의 창조에는 목적이 있다" 부분을 보라.

4) 이 주장은 명백히 잘못되었다. 과학자에 의해 시험관에서 생명이 만들어지는 것이 보여주는 것은 물질에 대해 작용하는 정신이 생명을 만들어낼 수 있다는 것인데, 이는 정확히 기독교인들이 하나님이 실제로 그렇게 하셨다고 주장하는 내용이다.

5) Paul Davies, "E. T. and God," *Atlantic Monthly*, September 2003. http://www.theatlatic.com/past/docs/issues/2003/09/davies.htm을 보라.

6) 유신 진화론은 종종 "진화적 창조론"(Alexander) 또는 "바이오로고스"(biologos; Francis Collins)로 불린다.

7) 아무튼 창세기 1장에서 "종류"(kind)로 번역된 단어를 현대의 "종"(種)이라는 용어와

동일시하는 것이 성급한 처사라는 점도 주목해야 한다. "유형"(type)이라는 용어가 더 적절한 번역일 수도 있다.

8) Francis Collins, *The Language of God* (New York: Free Press, 2006), 199.

9) Collins, *The Language of God*, 200-201.

10) C. S. Lewis는 차츰 진화론적 설명의 적정성에 관해 회의론을 키웠던 것으로 보이지만, 이 견해는 C. S. Lewis의 견해이기도 했던 것 같다. *They Asked for a Paper* (London: Geoffrey Bles, 1962), 9장에 수록된 "Is Theology Poetry?"를 보라. 또한 www.asa3.org/aSA/PSCF/1996/PSCF3-96Ferngren.html에서 입수할 수 있는 Gary B. Ferngren and Ronald L. Numbers, "C. S. Lewis on Creation and Evolution: The Acworth Letters, 1944-1960," *PSCF* 48 (March 1996): 28-33도 보라.

11) 우리는 이것이 하나님에 의한 특별 "개입"과 매우 유사하다는 점에 주목한다.

12) Behe는 과학을 신학과 혼동하지 않기 위해 이 설계자를 밝히지 않으려 애쓴다.

13) Simon Conway Morris, *Life's Solution* (Cambridge: Cambridge University Press, 2005), 329-330.

14) 필요한 무거운 원소들의 생성에 필요했다.

15) "유신 진화론"이라는 어구에서 "진화"라는 단어는 생물학적 진화보다 많은 것을 포함하는 경향이 있다. 그러나 생명체 이전 단계는 정의상 생명이 이미 존재하고 있음을 전제하는 (신)다윈주의의 의미에서의 진화와는 아무 관계가 없다.

16) 이러한 보편적인 반대는 본질적으로 David Hume의 견해인데, 나는 이를 John C. Lennox, *God's Undertaker: Has Science Buried God?* (Oxford: Lion Hudson, 2009), 12장에서 다루었다.

17) Dennis Alexander, *Creation or Evolution: Do We Have to Choose?* (Oxford Monarch, 2008), 38.

18) Alexander, *Creation or Evolution*, 31.

19) 내 책 *God's Undertaker*, 12장에 나오는 이에 대한 자세한 논의를 보라.

20) 그리스도의 부활은 예측되었다는 사실을 잊지 말아야 하지만 말이다.

21) 하나님과 그의 피조물 사이의 관계에 대한 뛰어난 설명은 C. John Collins, *The God of Miracles* (Wheaton: Crossway, 2000)를 보라.

22) Lennox, *God's Undertaker*, 7장을 보라. 물론 과학이 재현 가능한 규칙성에 대한 연구로 정의된다면, 그 주장은 항상 옳다. 그러나 우주의 전체 역사는 재현할 수 없으며, 따라서 그렇게 정의된 과학은 이에 대해 아무 말도 할 수 없게 될 것이다!

23) 현대 과학과 관련하여 아우구스티누스의 견해에 대한 종합적인 현대의 설명은 *A Fine-Tuned Universe* (Louisville: Westminster John Knox Press, 2009)로 출간된 Alister McGrath의 Gifford Lectures 2009를 보라.

24) Lennox, *God's Undertaker*, 188-192.

25) 그것이 바로 내가 하나님이 동물들과 특별히 하나님의 형상을 부여한 인간들 사이에 틈을 상정하는데도 C. S. Lewis나 Francis Collins와 달리 내가 원칙적으로 틈새의 신을 옹호하는 사람이 아니라고 스스로 간주하는지를 설명하는 이유 가운데 하나다.

26) 하늘들이 땅보다 먼저 오는 것을 주목했을 것이다. 물론 우주론도 그렇게 말한다.

27) Hugh Loss, *The Genesis Question* (Colorado Springs: Navpress, 2001), 21.

28) 특정 공간에서가 아니라 특정 시간에서의 관점이라는 아이디어와 관련하여, 창세기 1장의 날들의 성격을 이해하고자 할 때 시간은 상대적이라는 Einstein의 유명한 발견을 고려할 필요가 있다. Gerald Schroeder, *Genesis and the Big Bang* (New York: Bantam, 1990)을 보라.

29) *God's Undertaker*, 9-11장을 보라.

30) "땅이 ~를 내라"는 말에 정확히 어떤 과정들이 포함되어 있는지에 대해서는 자세한 설명이 제공되지 않았다. 결정적인 것은 하나님의 말이 없이는 이 과정이 일어나지 않았다는 점이다. 이는 "모든 것이 그를 통해 만들어졌다"(요 1:3)의 또 다른 예다.

31) Theodosius Dobzhansky, *The Origins of Prebiological Systems and of Their Molecular Matrices*, S. W. Fox, ed., (New York: Academic Press, 1965), 310.

32) Richard Dawkins, *The Greatest Show on Earth* (London: Free Press, 2009), 421.

33) Bill Gates, *The Road Ahead* (Boulder, CO: Blue Penguin, 1996), 228.

34) Amir Aczel, *Probability 1: Why There Must Be Intelligent Life in the Universe* (New York: Harvest, 1988), 88.

35) 자기 조직화 시나리오에서 비롯되는 질서는 다른 범주에 속한다. Lennox, *God's Undertaker*, 129ff를 보라.

36) Leon Brillouin, *Science and Information Theory* (New York: Academic Press, 1962).

37) Paul Davies, *The Fifth Miracle* (London: Penguin, 1998), 89. "특정한 무작위성"은 정보와 관련하여 사용되는 기술적 용어다.

38) 이 중심적인 이슈에 관해 보다 자세한 내용은 Lennox, *God's Undertaker* 및 Stephen Meyer, *Signature in the Cell* (New York: HaperCollins, 2009)을 보라.

39) Alexander, *Creation or Evolution*, 333.

40) *God's Undertaker*, 6장.

41) Steve Jones, *The Language of the Genes* (London: HarperCollins, 2000), 35. 또한 이 점에 대한 보다 자세한 내용은 Lennox, *God's Undertaker*, 141을 보라.

42) Denis Noble, *The Music of Life: Biology beyond the Genome* (Oxford: Oxford University Press, 2006), 130.

43) Noble, *The Music of Life*, 32.

44) Jerry Fodor and Massimo Piattelli-Palmarini "Survival of the Fittest Theory," *New Scientist*, 6 February 2010. 28-31. 보다 완전한 설명이 그들의 책 *What Darwin Got Wrong*(London: Profile, 2010)에 나와 있다.

45) Jerry Fodor, "Why Pigs Don't Have Wings," *London Review of Books*, 18 October 2007, 20, 29.

46) William B. Provine, *The Origin of Theoretical Population Genetics* (Chicago: University of Chicago Press, 2001), 199-200.

47) Robert G. Reid, *Biological Emergences: Evolution by Natural Experiment* (Cambridge, MA: MIT Press, 2007).

48) *Integrative and Comparative Biology* 48, no. 6(2008): 871-873에 수록된 Christopher Rose, review of *Biological Emergences: Evolution by Natural Experiment* by Robert G. Reid.

49) Reid, *Biological Emergences*, 2.

50) Lennox, *God's Undertaker*, 55-56을 보라.

51) Rose, review of *Biological Emergences*, 871-873.

52) Robert Laughlin, *A Different Universe: Reinventing Physics from the Bottom Down* (New York: Basic Books, 2005), 168-169.

## 감사의 글

지금까지 많은 사람들과의 교류를 통해, 그리고 수많은 책들을 통해 지식과 견문을 넓힐 수 있었다. 그중에서도 특히 평생의 친구이자 멘토이며 아일랜드 왕립학술원 회원인 데이비드 구딩(David Gooding) 교수에게 많은 빚을 지고 있다. 그의 도움으로 나는 창세기 1장이 단지 창조에 관한 것일 뿐 아니라 조직화에 관한 것이기도 하다는 사실에 주의를 기울일 수 있었다. 그는 또한 성서의 헤아릴 수 없는 풍성함에 대한 통찰력을 내게 전해주었는데, 그것은 나에게 심원한 영향을 끼쳐서 내 사고의 근원적인 토대가 되기에 이르렀다. 원고의 문법과 스타일을 교정해준 바바라 해밀튼(Barbara Hamilton)과, 끊임없이 나를 격려해주고 비판적인 조언을 해주었던 연구 조교 사이먼 웬함(Simon Wenham)에게도 감사의 말을 전한다.

# 최초의 7일

## 창세기와 과학에 따른 세상의 기원

**Copyright ©** 새물결플러스 2015

| | |
|---|---|
| **1쇄 발행** | 2015년 12월 25일 |
| **3쇄 발행** | 2024년 3월 21일 |

| | |
|---|---|
| **지은이** | 존 C. 레녹스 |
| **옮긴이** | 노동래 |
| **펴낸이** | 김요한 |
| **펴낸곳** | 새물결플러스 |

| | |
|---|---|
| **편 집** | 왕희광 정인철 노재현 이형일 나유영 노동래 |
| **디자인** | 황진주 김은경 |
| **마케팅** | 박성민 |
| **총 무** | 김명화 이성순 |
| **영 상** | 최정호 곽상원 |
| **아카데미** | 차상희 |

| | |
|---|---|
| **홈페이지** | www.holywaveplus.com |
| **이메일** | hwpbooks@hwpbooks.com |
| **출판등록** | 2008년 8월 21일 제2008-24호 |
| **주 소** | (우) 04114 서울시 마포구 신촌로28가길 29 |
| **전 화** | 02) 2652-3161 |
| **팩 스** | 02) 2652-3191 |

ISBN 979-11-86409-39-8 03230

책값은 뒤표지에 있습니다.